NO/
STRESS

MIRA KOCHT

Eva Rossmann

NO/ STRESS MIRA KOCHT

Mit Fotos der Autorin

FOLIO VERLAG

Reis ... 108

Pasta + Couscous ... 118

Meeresfrüchte ... 130

Fisch ... 140

Huhn + Fasan + Ente ... 156

Lamm + Ziege + Kaninchen ... 171

„Mira sieht in ihren Kühlschrank, es dauert nicht lange und sie hat etwas Gutes gekocht. – Einfach super!“

Leserinnen und Leser sollten erzählen, was sie an der Hauptperson meiner Krimi-Serie mögen. Diese Antwort hat mir besonders gefallen. Mehr noch, sie hat mich inspiriert, ein neues Kochbuch zu schreiben.

Auch bei mir ist das häufig der Ausgangspunkt: Ich habe selten Zeit, mir ein Menü zu überlegen, einkaufen zu gehen, womöglich noch in verschiedene Geschäfte und Läden, und dann zu kochen. Ich sehe nach, was da ist, und mach etwas daraus.

Bei meinen Recherchen für einen Gastronomie-Krimi habe ich vor beinahe zwei Jahrzehnten begonnen, in einem doch ziemlich unkonventionellen und kreativen Gasthaus mitzuarbeiten. Das war der Anfang meiner Zweit-„Karriere“ bei meinem wunderbaren Lehrmeister Manfred Buchinger. Inzwischen bin ich staatlich geprüfte Köchin (ein Lehrabschluss kann keiner schaden) und habe bewiesen, dass auch Autorinnen zäh und hitzebeständig sein können.

Privat koche ich übrigens noch immer mit Leidenschaft, nur den einen oder anderen Umweg erspare ich mir gerne. In der Küche zu stehen ist für mich keine heilige Handlung, für die ich dann auch entsprechend gefeiert werden will, sondern Freude, Herausforderung, Entspannung und die Chance, etwas zu tun, bei dem es rasch Belohnung gibt: Weil ebenso gern, wie ich koche, esse ich auch. Das alles habe ich der Hauptfigur meiner Kriminalromane, Mira Valensky, mitgegeben. In jedem der Bände kocht sie, denkt dabei über ihre Fälle nach und stellt fest, dass aus Bekanntem, neu kombiniert, plötzlich etwas ganz anderes werden kann.

In diesem Kochbuch rücke ich also das in den Mittelpunkt, was gerade da ist: die Zucchini im Kühlschrank, das Huhn beim Bio-Greißler, der knackig-frische Salat, der mich beim Gemüsestand angelacht hat. Mira und ich haben beschlossen, auf viele Grenzen, auch geografische, zu verzichten. Es gibt ohnehin mehr als genug davon. Fans ihrer Kochkunst finden ein Extra-Glossar, in dem ich die Rezepte aus den Krimi-Bänden jenen im Kochbuch zugeordnet habe. Und ich habe mir erlaubt, zu den wichtigsten Produkten Tipps und Anmerkungen der inzwischen erfahrenen (auch) Profi-Köchin beizusteuern.

Fotografiert habe ich übrigens selbst, in meiner Küche. Wie viele andere Menschen hatte ich ja in den Jahren 2020 und 2021 außergewöhnlich viel Zeit, daheim zu sein.

Einige Hinweise, quasi als „Gebrauchsanweisung“:

Ich habe die meisten Flüssigkeiten in ml = Milliliter berechnet. 20 oder 40 ml kann man ganz einfach messen, indem man ein Schnapsglas mit Markierung verwendet. Meine Suppenlöffel haben 10 ml Inhalt, aber es gibt unterschiedlich große. *So* wichtig ist es übrigens meist nicht, ob man in eine Pfanne 20 ml oder 30 ml Öl gießt. Hängt eben auch vom persönlichen Geschmack ab.
Einige Anmerkungen zum Thema Salz und anderen wichtigen „Nebensachen“ gibt es am Ende des Buchs.
Fast immer ist Suppe besser zum Aufgießen. Wer keine zur Hand hat, ersetzt sie durch Wasser plus pro halbem Liter einem Esslöffel biologischer vegetarischer Gemüsewürze (solche Würzen sind frei von Glutamat und anderen Zusätzen).

Was jedenfalls nützlich (und nicht überall da) ist:

- Ein leistungsstarker Stabmixer (da kommt es mal wirklich auf die Watt an, 800 sollten es schon sein – manche sind mit einem Schneebesen und einem Cutter kombiniert, sie sind besonders praktisch)
- Eine gute Schneidemaschine (wichtig ist, dass sie aus Metall ist und ein massives Messer, am besten mit Hohlschliff, hat)
- Ringe aus Edelstahl zum Anrichten (auch Speise- oder Servierringe genannt)
- Sparschäler, Grätenzange, Siebschöpfer

Die meisten Rezepte sind für zwei Personen berechnet, aber: Natürlich macht es einen Unterschied, ob man ein Gericht in ein fünfgängiges Menü einbaut oder als einzigen Gang isst. Und: Nicht nur Geschmäcker, sondern auch Aufnahmekapazitäten sind bekanntlich verschieden.

Fotos der Rezepte aus diesem Buch findet man auf der Homepage www.evarossmann.at. Kochvideos und mehr gibt's über Social Media und auf meinem Youtube-Kanal.

Blattsalate + Spinat

Ich kenne einen Koch, der nennt Salat despektierlich „Futter für Kuh". Ja, er ist ... kein Veganer, um es freundlich zu sagen. Dabei gibt es kaum Pflanzen, die man so vielfältig einsetzen kann wie die grünen, roten oder auch gelb gesprenkelten Blätter. Dressings sind Geschmackssache. Ich finde, dass dicke Saucen nichts auf Blattsalaten zu suchen haben, aber das ist natürlich kein Dogma. Mir ist die einfachste aller Varianten am liebsten: den schon angerichteten Salat, mit oder ohne Beigabe von Jungzwiebeln, Tomaten und Co, einfach salzen (Fleur de Sel gibt eine besondere Note), eventuell frischen schwarzen Pfeffer aus der Mühle darüber und mit gutem Essig und hochwertigem Olivenöl beträufeln. Geht schnell und hat den großen Vorteil, dass die Salatblätter knackig bleiben. Mehr über Essig und Öl gibt's am Ende des Buchs (S. 231). Aber das Wichtigste für einen guten Blattsalat ist vor allem eines: die Frische.

Natürlich hängt es von der Art der Blätter ab, wie lange Salat knackig bleibt. Der klassische Häuptelsalat schmeckt am allerbesten frisch vom Beet – wird er doch im Kühlschrank aufbewahrt, legt man ihn in eine Schüssel und gibt darauf ein Stück befeuchtete Küchenrolle oder ein Wachstuch. Radicchio, Chicorée und Endiviensalat sind robuster. Ich wickle sie in ein Stück befeuchtete Küchenrolle und dann in Klarsichtfolie. Wer sie lieber in ein Gefäß gibt, sollte es nicht luftdicht verschließen, sonst beginnen alle Salate schnell zu muffeln.

Übrigens: Auch Salate lassen sich braten. In „Gut, aber tot" nimmt Mira dafür Salat Romain, Sardellenfilets geben dem Ganzen eine besondere Note. Dafür erfährt sie dann, wer an *Worldlove*, dem boomenden Unternehmen für vegane Produkte, beteiligt ist. Das sollte uns nicht davon abhalten, auch Fleischloses zu mögen. Man muss ja keine Ideologie daraus machen. Die würzige Callaloo aus der Karibik wird viele davon überzeugen, dass Blätter plus ein paar Zutaten wirklich mehr sind als Kuhfutter. Und noch etwas könnte dazu beitragen: Kein Salat, auch nicht als „Garnitur", sollte ohne irgendeine Form von Marinade angerichtet werden. Ein paar Tropfen Öl, etwas Balsamessig, einige Salzflocken reichen, um dem Grünzeug den nötigen Geschmack zu verleihen. Übrigens: Daran erkennt man auch, ob ein Restaurant gut ist – Salat ohne irgendwas ist nahezu obszön.

BÄRLAUCH-AUFSTRICH

... für alle, die Knoblauchgeschmack lieben. Die anderen können anstelle von Bärlauch einfach junge Spinatblätter verwenden und eventuell zusätzlich mit 1 EL Senf würzen.

50 g Bärlauch und/oder Spinat
100 g Brimsen oder anderer Topfen (= Quark)
100 g Crème fraîche
Salz

Bärlauch gut waschen, in feine Streifen schneiden. Mit den anderen Zutaten vermischen und stabmixen, bis der Aufstrich eine schöne grüne Farbe hat.
Dieser Aufstrich eignet sich auch sehr gut als Dipping-Sauce.

RUCOLA MIT VERSCHIEDENEN FISCHEN

50 g Rucola
10 in Öl eingelegte Sardellenfilets
100 g Thunfischstücke oder Thunfischsalat (Rezept S. 142)
100 g geräuchertes Forellenfilet oder: Hering in Tomatensauce, geräucherte Austern, gebratene Jakobsmuscheln, Garnelen, Bottarga ...
1 Jungzwiebel
Olivenöl
Balsamessig
schwarzer Pfeffer aus der Mühle
Fleur de Sel

Rucola waschen, gut abtropfen und in die Mitte flacher Teller häufen.
Fische an den Salatgupf legen, am schönsten ist es, sie an den Eckpunkten eines gedachten Dreiecks zu platzieren: zum Beispiel einige locker gelegte Sardellenfilets in eine Ecke, Thunfischsalat in die nächste, und in die letzte geräucherte Forelle.
Jungzwiebel in feine Ringe schneiden und über den Salat streuen. Mit Salzflocken und Pfeffer würzen, mit Öl und Essig beträufeln.

Bottarga ist übrigens eine sardische Spezialität und wird auch als „Kaviar des Mittelmeers" bezeichnet. Es handelt sich um den Rogen von Meeräsche oder Thunfisch. Er wird gesalzen, gepresst und getrocknet. Man schneidet ihn ganz fein auf. Für andere Gerichte gibt es ihn auch bereits gerieben.

KIMCHI MIT CHORIZO

Selbst fermentieren ist eine Herausforderung, der eigene Bücher gewidmet sind. Aber „mein" Küchenmeister Manfred hat eine Art Kimchi entwickelt, der wunderbar einfach ist – und vor allem großartig schmeckt. Ich liebe dieses koreanische Nationalgericht! Weniger als diese Menge zuzubereiten lohnt sich nicht – aber Kimchi hält im Kühlschrank wochenlang.

KIMCHI FERMENTIEREN:
1 kg Chinakohl
30 g Ingwer
3 Knoblauchzehen
100 g Sauerkraut
100 ml Sauerkrautsaft
2 EL Chilisauce (süß-scharf bis extrem scharf)
1 EL Paprikapulver, mild oder scharf
Chiliflocken nach Belieben
1 EL Zucker
1 EL Salz

Ingwer und Knoblauch fein schneiden. Alle Zutaten für die Marinade vermischen. Den Chinakohl der Länge nach halbieren, den oberen Teil vierteln, den unteren Teil achteln. Die unteren groben Blätter auseinanderziehen, aber am Strunk lassen, zwischen die Blätter Marinade geben. Die oberen Blätter auch Blatt für Blatt marinieren und wieder zu den Vierteln zusammensetzen. Alles in eine Schüssel geben und mit den Händen durchkneten. Danach mit Klarsichtfolie abdecken, fest andrücken. Bei Zimmertemperatur stehen lassen. Nach einem Tag wieder durchkneten und erneut mit einer Klarsichtfolie abdecken. Nach einem weiteren Tag sollten sich kleine Bläschen bilden, man merkt einen milchsauren Geruch – die Fermentation setzt ein. Ab jetzt kann man den selbst gemachten Kimchi verwenden. Man kann ihn aber auch noch ein, zwei Tage stärker fermentieren. Dann jedenfalls in gut schließende Behälter geben und im Kühlschrank aufbewahren.

100 g Kimchi
6 Endiviensalatblätter
80 g Chorizo
Balsamessig
Olivenöl
Fleur de Sel

Teller mit Salatblättern belegen, in die Mitte einen Gupf Kimchi geben. Rundum dünn geschnittene Wurst verteilen. Den Salat mit Balsamessig und Olivenöl beträufeln, mit einigen Salzflocken bestreuen.

GEBRATENER SALAT MIT SARDELLEN UND KNUSPRIGEM BROT

Mira und ich haben auch das gemeinsam: Wir lieben Pane Carasau, dieses hauchdünne knusprige Hirten-Brot aus Sardinien. Schön langsam findet man es auch in Feinkostläden außerhalb der Insel. Ersatzweise kann man Weißbrot in möglichst dünne Scheiben schneiden und knusprig toasten.

2 tellergroße Pane Carasau
1 Salatherz (oder Chicorée)
1 roter Paprika
6 Kirsch- oder Datterini-Tomaten
10 eingelegte Sardellenfilets
1 Jungzwiebel
40 ml Olivenöl
Balsamessig
schwarzer Pfeffer aus der Mühle
Fleur de Sel

Große Teller mit Pane Carasau belegen.
In einer heißen Pfanne mit 20 ml Olivenöl zuerst in große Stücke geschnittenen Paprika, nach 3 Minuten auch halbierte Tomaten und Jungzwiebelringe braten. Den Salat in sechs Segmente schneiden oder in große Stücke zerreißen, ganz kurz mitschwenken. Die gebratenen Salate gemeinsam mit den Sardellenfilets auf das Knusperbrot legen. Mit Salzflocken, Pfeffer, 20 ml Olivenöl und etwas Balsamessig abschmecken.

RUCOLA-FRITTATA

50 g Rucola
50 g Schinkenspeck (oder 20 ml Olivenöl)
1 Scheibe Bauernbrot (50 g)
4 Eier
40 g geriebener Pecorino
eventuell Chiliflocken
10 ml Olivenöl
schwarzer Pfeffer aus der Mühle
Fleur de Sel

In einer großen Pfanne klein geschnittene Speckwürfel langsam zergehen lassen. Das Bauernbrot in dünne Streifen schneiden, gemeinsam mit den Speckwürfeln rösten. Die Eier mit Pecorino, Chiliflocken oder Pfeffer mit einer Gabel verrühren, in der Pfanne auf dem Brot verteilen. Hitze auf das Minimum reduzieren. Rucola (bis auf einige schöne Blätter) auf die Eiermasse geben und ca. 2 Minuten warten, bis die Eier am Rand zu stocken beginnen. Dann mithilfe eines Tellers die Frittata umdrehen (dafür legt man den Teller auf die Pfanne, dreht alles um, sodass die Frittata auf dem Teller ist, und lässt sie dann mit der Rucola-Seite nach unten wieder in die Pfanne gleiten). 2 Minuten bei ganz kleiner Hitze zugedeckt ziehen lassen.

Die Frittata in der Pfanne halbieren und auf vorgewärmte Teller legen. Einige Rucola-Blätter darauf verteilen, mit Olivenöl, Salzflocken und eventuell Pfeffer würzen.

CALLALOO – DIE BESONDERE SALATSUPPE

Sie stammt aus der Karibik und wird dort mit dem Grünzeug zubereitet, das gerade zu haben ist: Salat, Spinat, Blätter von Kohlpflanzen, Brokkoliblätter – alles passt. Und: Beim Würzen gibt's beinahe so viele Varianten wie bei der „Einlage".

500 ml Suppe (Gemüse, Huhn, Rind)
2 Scheiben helles Brot (40 g)
1 Jungzwiebel
2 Knoblauchzehen
grüner Salat (je mehr, desto grüner), Spinat, Brokkoli-, Radieschen-, Kohlblätter, Kraut
20 g Ingwer
Chilipulver
1 Zimtstange
½ TL gemahlener Koriander
½ TL gemahlener Piment
20 ml Olivenöl
40 ml Weißwein
40 ml klarer Kokosrum
Salz

In einem Topf Öl erhitzen, in Ringe geschnittene Jungzwiebel, fein geschnittenen Ingwer und Chili kurz anrösten. Dann fein geschnittenen Knoblauch dazugeben, einmal umrühren und mit Wein ablöschen. Die Suppe dazugeben und aufkochen. Dann das Brot, Koriander, Piment und die Zimtstange dazugeben und bei geringer Hitze zugedeckt 5 Minuten köcheln lassen. Die Zimtstange entfernen und das gewaschene und geschnittene Grünzeug einlegen. Man kann eine ganze Schüssel voll verwenden, es verliert sehr viel an Volumen. Nimmt man nur Salat oder Spinat, sofort stabmixen. Sind auch festere Blätter dabei, lässt man sie einige Minuten kochen und gibt dann die zarten Blätter dazu. Mit Salz und Kokosrum abschmecken. In vorgewärmten Suppentellern anrichten.

Eventuell Garnelen oder Schinkenwürfel oder gekochtes Hühnerfleisch kurz anbraten und in die Suppe geben.

PIKANTER SPINAT

200 g junger Spinat
1 mittelgroße Zwiebel (100 g)
2 Knoblauchzehen
1 TL Mehl
10 g Butter
20 ml Olivenöl
40 ml Weißwein

Wenn die Spinatblätter klein und jung sind, muss man sie nicht blanchieren. Sind sie schon größer, dann die Blätter 30 Sekunden in kochendes Salzwasser tauchen und in einem Sieb abtropfen lassen. Butter und Öl in einer Pfanne erhitzen, zuckern und die klein geschnittene Zwiebel hell anrösten. Feinblättrig geschnittene Knoblauchzehen und Chiliflocken dazugeben, umrüh-

Chiliflocken
1 TL gemahlener Piment
1 TL gemahlener Koriander
frisch geriebene Muskatnuss
1 TL Zucker
1 TL Salz

ren, sofort den Spinat dazugeben und wieder umrühren. Das Mehl darüber stäuben, mit Weißwein ablöschen. Mit Salz, Piment, Koriander würzen, Muskatnuss darüber reiben, noch einmal durchrühren und fertig.

Man kann den pikanten Spinat auch mit gefrorenem Blattspinat zubereiten. Man lässt ihn nur halb auftauen und nimmt bloß einen Schuss Weißwein. Schöner und grüner sieht es aus, wenn man ganz am Ende ein paar frische Spinatblätter oder grüne Salatblätter dazu mischt.

EINE ART VON EGG FLORENTINE

wird daraus, wenn man den Spinat auf einem Stück getoastetem Brot anrichtet und obenauf ein Spiegelei legt (Feinspitze nehmen welche von der Wachtel). Wer besonders elegant anrichten will, gibt das getoastete Brot auf einen großen vorgewärmten Teller, drückt darauf einen Speisering, entfernt das überstehende Brot (man kann es in den Spinat bröseln), füllt in diesen Ring dann den pikanten Spinat, legt darauf das Ei und zieht den Ring vorsichtig ab.

ENDIVIEN-STAMPPOT

Das Gericht kommt original aus Holland, Manfreds Frau Renske stammt von dort, sie ist eine Meisterin dieser erstaunlichen Stampf-Töpfe.

500 g mehlige Kartoffeln
1 mittelgroße Zwiebel (100 g)
2 Knoblauchzehen
150 g Endiviensalat
20 ml Sonnenblumenöl
Olivenöl
1 EL Gemüsewürze
eventuell Chilipulver
schwarzer Pfeffer aus der Mühle
2 TL Salz

Die Kartoffeln schälen und in große Stücke schneiden. Zwiebel schälen und in kleine Würfel schneiden. In einem ausreichend großen Topf das Sonnenblumenöl erhitzen, die Zwiebel darin kurz anschwitzen, ohne dass sie braun wird. Die fein geschnittenen Knoblauchzehen und die Kartoffelstücke dazugeben, einmal umrühren, mit 250 ml Wasser bedecken. Gemüsewürze, Salz und eventuell Chilipulver dazugeben. Zudecken und bei geringer Hitze kochen, bis die Kartoffeln ganz weich sind und von selbst zerfallen. Das dauert 15–20 Minuten. Zwei schöne Blätter Endiviensalat zur Seite geben, den Rest in schmale Streifen schneiden. Die Kartoffeln mit einer Gabel zerdrücken oder mit einem Kartoffelstampfer zu Püree drücken – es muss nicht ganz glatt sein. Geschnittenen Endiviensalat darunterziehen.
Auf vorgewärmte Teller ein Salatblatt legen, darauf den Endivien-Stamppot gupfen (am schönsten wird es, wenn man ihn in einen Speisering drückt). Mit einigen Tropfen Olivenöl und frisch gemahlenem Pfeffer vollenden.

Sehr fein schmeckt darauf ein Stück in der Pfanne mit Olivenöl gebratenes Welsfilet. Aber auch kalte marinierte Lachsforelle (Rezept S. 144), Würste, gebratener Speck oder eine kurz erhitzte Scheibe Schinken können diese an sich vegane Köstlichkeit ergänzen.

Zucchini + Kürbis + Gurke

/ Inzwischen zählen Zucchini zum Standardprogramm einheimischer Gemüsesorten, als ich ein Kind war, kannten sie viele noch gar nicht. Ich gebe zu, wir haben uns über meine steirische Großmutter amüsiert. Zuerst wollte sie keine Zucchini pflanzen, das „neumodische Zeug" war ihr verdächtig. Dann hat sie es doch getan und sie war begeistert, wie groß die Früchte werden können.

Längst ist klar, dass man vor allem die jungen, zarten Zucchini verwendet, aber: Werden sie doch einmal größer (was im eigenen Garten quasi über Nacht geschehen kann), gibt es auch für sie passende Rezepte.

Apropos Steiermark: Berühmt ist das „schwarze Gold", das hier gewonnen wird. Dabei handelt es sich nicht um Erdöl, auch wenn die Farbe vergleichbar ist, sondern um Kürbiskernöl. Wie viel es tatsächlich an Heilkraft gegen das eine oder andere Leiden besitzt, weiß ich nicht. Aber es zaubert ganz besondere Geschmacksnoten.

Mira liebt Kürbis und Zucchini, die eigentlich Riesen-Beeren und damit Früchte sind, auch deswegen, weil man sie so rasch und vielfältig zubereiten kann. Kein Wunder, dass Zucchini-Carpaccio in den Krimis gleich öfter vorkommt. Einfacher geht's ja auch kaum: Junge Zucchini hauchdünn aufschneiden, mit Schinken, eingelegtem Fisch, Garnelen, Käse oder sonst etwas locker belegen, mit gutem Olivenöl und Balsamico beträufeln und fertig.

Von kaum einem Produkt gibt es so viele Varianten wie bei Kürbis. Ich verwende für die meisten Gerichte festfleischige Sorten – sie haben mehr Aroma und weniger Wasser. Der „Lange von Neapel" kann über einen Meter werden. Besonders würzig ist der Muskatkürbis – er hält zudem, kühl und trocken gelagert, mehrere Wochen. Vom Format her praktischer ist der Butternuss-Kürbis. Er eignet sich auch hervorragend zum Grillen. Die Zierkürbisse sind hingegen nur fürs Auge, die meisten schmecken extrem bitter.

Ähnliche Bitterstoffe können auch Gartengurken entwickeln. Deswegen koste ich die Spitzen und schneide sie notfalls weg. Bei den Schlangengurken habe ich dieses Problem nicht – dafür entwickeln sie allerdings auch nie den fruchtigen Geschmack reifer Gartengurken.

EINGELEGTER KÜRBIS

1 kg festes Kürbisfleisch (Muskatkürbis, Butternuss oder Langer von Neapel)
500 ml Apfelessig
500 ml Weißwein
1 Sternanis
1 Chili (oder mehr)
10 Pimentkörner
2 TL Zucker
2 TL Salz

Essig, Wein, Sternanis, Chili, Piment, Salz, Zucker aufkochen. Kürbisfleisch in 2–3 cm große Würfel schneiden und in den kochenden Sud geben. Zudecken und aufkochen. Je nach Härte des Fruchtfleisches entweder sofort von der Hitze nehmen oder noch maximal 2 Minuten kochen lassen. In saubere Gläser füllen, sofort zuschrauben. Kühl und trocken lagern.

Auf diese Art kann man natürlich auch anderes knackiges Gemüse einlegen, eine besonders nette Variante sind:

EINGELEGTE KURKUMA-GURKEN

Das Rezept funktioniert wie oben, nur gibt man in die Flüssigkeit einen Teelöffel gemahlene Kurkuma. Kleine knackige Gurken kann man im Ganzen einlegen, bei größeren sollte man die Kerne entfernen, bevor man sie in 3 cm große Stücke schneidet. Wenn der Sud mit den Gurken aufgekocht hat, sofort von der Hitze nehmen.

TSATSIKI

In „Alles rot" hat es Mira mit den Folgen der Finanzkrise zu tun. Sie recherchiert in Zypern, ein Barkeeper mit interessanter Vergangenheit kreiert einen Drink für sie und abseits der mörderischen Gier und ihrer Folgen genießt sie die levantinische Küche. Dank unserer Freundin und Köchin Zonka (die Mira beinahe so gut kennt wie ich) habe ich einiges über die wunderbare zyprische Küche lernen dürfen.

1 Salatgurke (200 g)
100 g Griechisches Joghurt (10% Fett)
3 Knoblauchzehen
10 Blätter frische Minze
½ TL Zucker
1 TL Salz
eventuell Chilipulver

Gurke schälen, der Länge nach vierteln und entkernen. In dünne Stücke schneiden, salzen und zuckern. 15 Minuten ziehen lassen. Gurken in ein Sieb geben, mit der flachen Hand die Flüssigkeit ausdrücken. Danach mit Joghurt, zerdrücktem (mit der flachen Seite des Messers) und fein geschnittenem Knoblauch sowie in feine Streifen geschnittener Minze mischen. Mit Salz und eventuell noch Chilipulver abschmecken.
Dazu passt am besten frisches Weißbrot.

ZUCCHINI-FANTASIA

2 ganz junge Zucchini (höchstens 10 cm lang)
6 Zucchiniblüten
100 g Frischkäse (oder Ricotta)
1 Stück Toastbrot
1 EL Mehl
Olivenöl
1 EL süß-scharfe Chilisauce
12 Basilikumblätter
Salz

ORANGENÖL:
Olivenöl
80 ml Orangensaft
schwarzer Pfeffer aus der Mühle
Salz

Zucchini der Länge nach dünn schneiden (am besten mit der Schneidemaschine) und damit große flache Teller belegen.
Orangensaft, Salz und schwarzen Pfeffer in einem hohen schmalen Gefäß stabmixen, dann unter ständigem Mixen Olivenöl dazugeben, bis sich eine cremige Emulsion bildet.
Frischkäse, zerkrümeltes Brot und Chilisauce mischen, salzen. Wer mag, kann zu dieser Masse auch Sardellenfilets oder fein geschnittenen Schinken geben. Die Zucchiniblüten damit füllen, etwas flach drücken und auf beiden Seiten in Mehl tauchen. In 20 ml Olivenöl bei mittlerer Hitze in der Pfanne auf beiden Seiten braten. Das Zucchini-Carpaccio mit der Orangenöl-Emulsion beträufeln, darauf die gebratenen Zucchiniblüten legen. Mit Basilikum dekorieren.

ZUCCHINI MIT KARIBISCHEM PARADEISER-RAGOUT

Diese Rezept eignet sich auch sehr gut für zu groß gewordene Zucchini.

4 Scheiben von einer großen Zucchini (natürlich kann man auch kleinere verwenden, die schneidet man der Länge nach)
300 g Fleischtomaten
1 Jungzwiebel
2 Knoblauchzehen
40 ml Olivenöl
40 ml klarer karibischer Rum
1 frischer Chili (oder Chiliflocken)
Prise Zucker
Salz
viel frisches Basilikum

Zucchini in 2 cm dicke Scheiben schneiden, das weiche Innere mit den Kernen (am besten mit einem Glas) ausstechen, die Ringe auf beiden Seiten salzen und etwas zuckern, zugedeckt 15 Minuten ziehen lassen, damit das überschüssige Wasser ausgeschwitzt wird.
Tomaten in kleine Würfel schneiden (wenn sie frisch und reif sind, braucht man weder Haut noch Kerne zu entfernen). Jungzwiebel in Ringe schneiden und in 20 ml Olivenöl schwenken. Knoblauch blättrig schneiden, gemeinsam mit dem Chili ganz kurz mitschwenken (der Knoblauch sollte nicht braun und bitter werden), dann die Tomatenwürfel dazugeben. Mit dem Rum ablöschen, salzen, zuckern, 2 Minuten auf kleiner Flamme kochen. Frische Basilikumblätter über dem Paradeiser-Ragout zerzupfen, umrühren.
Gleichzeitig die Zucchiniringe in einer großen beschichteten Pfanne in 20 ml Olivenöl auf beiden Seiten goldbraun braten. Zucchini auf vorgewärmte Teller legen, darauf das Paradeiser-Ragout häufen, mit ein paar Basilikumblättern dekorieren.

Dieses Gericht lässt sich genauso mit Melanzanischeiben zubereiten.

ZUCCHINI-INGWER-CREME MIT SCHOLLENFILETS

400 g Zucchini
20 g Ingwer
2 Schollenfilets
1 kleine Zwiebel (60 g)
1 Knoblauchzehe
40 ml Wermut (oder Wein)
20 ml Olivenöl
Chiliflocken oder schwarzer Pfeffer aus der Mühle
Salz, Fleur de Sel
2 Zitronenscheiben

Fein geschnittene Zwiebel im Olivenöl anbraten. Bevor sie braun wird, geschälten und ganz fein geschnittenen Ingwer kurz mitschwenken. Zucchini in Würfel schneiden, mitrösten. Nach drei Minuten den fein geschnittenen Knoblauch dazugeben, umrühren und sofort mit dem Wermut ablöschen. Mit 40 ml Wasser ergänzen. Mit Salz, Chili oder Pfeffer würzen. Zudecken und die Zucchini auf kleiner Flamme weich dünsten. Das dauert ca. 20 Minuten. Sollten sie zu wenig Flüssigkeit lassen, ein wenig Wasser dazugeben. Stabmixen und abschmecken. Die rohen Fischfilets einfach auf das heiße Püree legen, Deckel drauf und bei niedrigster Hitze höchstens 5 Minuten gar ziehen lassen. Der Fisch schmeckt am besten, wenn er noch ein wenig glasig ist. Zucchini-Ingwer-Creme auf vorgewärmten Tellern anrichten, darauf den Fisch legen, mit etwas Fleur de Sel würzen. Mit einer Zitronenscheibe dekorieren.

Dieses Gericht eignet sich für alle dünnen weißen Fischfilets, wie zum Beispiel Seezunge. Wenn sie tiefgekühlt sind, dann im Kühlschrank schonend auftauen.

ÜBERBACKENE JUNGE ZUCCHINI

6 ganz junge Zucchini samt Blüten
150 g Feta
250 ml Sauerrahm
1 Ei
70 g geriebener Pecorino (oder Parmesan)
Olivenöl
schwarzer Pfeffer aus der Mühle
Salz

Backrohr auf 180 Grad vorheizen.
Feta in 6 Teile teilen. Die Zucchini ganz lassen, jede Blüte mit einem Stück Feta füllen. Sauerrahm, 50 g geriebenen Käse, Ei, Salz und Pfeffer versprudeln. In eine feuerfeste Form etwas Olivenöl träufeln, Zucchini nebeneinander darauf legen. Die Sauerrahm-Masse darüber verteilen, mit dem restlichen geriebenen Käse bestreuen. Im Rohr backen, bis es goldgelbe Stellen gibt. Das dauert ca. 20 Minuten. Im Ganzen heiß servieren.

WARMER ZUCCHINISALAT MIT SCHAFKÄSE

200 g Zucchini
100 g Feta oder ähnlicher frischer Schafkäse
3 Knoblauchzehen
40 ml Olivenöl
Balsamessig
eventuell Chiliflocken
schwarzer Pfeffer aus der Mühle
Fleur de Sel

Schafkäse in kleine Würfel schneiden. 20 ml Olivenöl in einer großen beschichteten Pfanne erhitzen, darin die in ca. 1 cm dicke Scheiben geschnittenen Zucchini schwenken, bis sich die ersten Stücke goldgelb färben. Salzen, eventuell mit Chiliflocken würzen. Feinblättrig geschnittene Knoblauchzehen dazugeben und nur mehr ganz kurz erhitzen, damit der Knoblauch nicht bitter wird. Zucchini auf zwei vorgewärmte Teller legen.
Schafkäsewürfel auf den warmen Zucchini verteilen. Pfeffern, mit Balsamessig und 20 ml Olivenöl beträufeln.

Anstelle von Schafkäse kann man die warmen Zucchini auch mit einigen Scheiben Pastrami oder anderem Schinken belegen. Mira verwendet in „Unterm Messer" Pasturma, eine besonders köstliche Art dieses Rinderschinkens, den man vor allem in der Türkei, aber auch in vielen Ländern der Levante und des Balkans findet.

HOKKAIDO-KÜRBISPÜREE

Es gibt eine Kürbisart, bei der man sich das lästige Schälen erspart. Mehr noch: Die Schale macht diese Kürbisgerichte besonders wohlschmeckend.

500 g Hokkaido-Kürbis
50 ml Obers
20 g Butter
40 ml Weißwein
20 g Ingwer
1 TL Piment
eventuell Chilipulver
Salz

Backrohr auf 200 Grad vorheizen.
Hokkaido samt Schale und Kernen vierteln, mit der Schalenseite nach unten backen, bis der Kürbis ganz weich ist. Das dauert ca. 1 Stunde.
Kerne und Strünke mit einem Suppenlöffel entfernen. Obers und Butter mit dem fein geschnittenen Ingwer, Piment, eventuell Chilipulver und Salz in einen Topf geben und erhitzen. Das Kürbisfleisch dazugeben. Wenn alles kocht, mit dem Weißwein ablöschen und noch einmal zum Kochen bringen. Mit dem Stabmixer pürieren.

Aus dem gebackenen Hokkaido werden ohne großen Aufwand köstliche

HOKKAIDO-GNOCCHI

500 g Hokkaido-Kürbis
200 g Hartweizen-Mehl (am besten Semola di Grano Duro)
1 Ei
½ TL gemahlener Piment
Chilipulver
1 TL Salz

BURRO E SALVIA:

20 g Butter
20 ml Olivenöl
8 Blätter frischer Salbei

Hokkaido wie oben backen, entkernen, Flüssigkeit in einem Sieb abtropfen lassen und stabmixen. Mit den anderen Zutaten zu einem homogenen Teig mischen. 1 l Wasser mit 1 TL Salz aufkochen, die Hitze aufs Minimum reduzieren, einen Teelöffel der Masse als Probe-Gnocchi einlegen. Wenn es zerfällt, etwas Mehl zur Masse geben. Wenn es zu hart ist, etwas Wasser zur Masse geben. Ein Brett bemehlen und dünne Würste rollen. Mit einem Messer kleine Gnocchi abstechen, im Mehl wälzen. In perlendem Wasser kochen, bis sie aufgestiegen sind. Nicht mehr Gnocchi auf einmal einlegen, als nebeneinander schwimmen können.
Fertige Gnocchi in Olivenöl, Butter und ein wenig vom Kochwasser schwenken. Erhitzt man etwas Salbei mit, gibt's die wunderbaren **Gnocchi con burro e salvia**.

GEBRATENE KÜRBISWÜRFEL MIT SCHINKEN

300 g festes Kürbisfleisch (Muskatkürbis, Langer von Neapel, Butternuss ...)
100 g geschnittener Rohschinken (besonders fein: Schinken vom Wildschwein oder Hirsch)
2 Jungzwiebeln
1 frischer Chili oder kleiner Paprika
40 ml Olivenöl
Salz

Kürbis in 2 cm große Würfel schneiden. In einer Pfanne 20 ml Olivenöl erhitzen, die Würfel 3 Minuten sautieren (schwingend rösten). Danach in Ringe geschnittene Jungwiebeln und in Streifen geschnittenen Chili (oder Paprika) dazugeben, salzen und 2 Minuten weiter rösten.

Teller rundum mit Rohschinken belegen, die gebratenen Kürbiswürfel in die Mitte geben und mit 20 ml Olivenöl beträufeln.

Tomaten + Paprika + Melanzani

/ In Ostösterreich nennt man Tomaten „Paradeiser", und tatsächlich können sie, am besten frisch aus dem Garten, paradiesisch schmecken. Mira lebt in Wien und sie liebt diese Stadt. Aber wir reisen auch gerne und verstehen uns als Europäerinnen. Den Ausdruck „Paradeiser" verwenden wir ebenso wie „Tomaten" – weil: Warum sollten Regionales, Nationales und Internationales einander ausschließen?

Jedenfalls wissen wir, dass es mehr gibt als die klassische Wiener Tomatensauce. Mir ist sie meist zu aufwendig – allein das Passieren braucht Zeit und danach Geduld beim Säubern des Passier-Geräts, das in Österreich ausgerechnet „flotte Lotte" genannt wird.

Viva Italia! Da nimmt man vollreife Früchte, verkocht sie kurz oder lang und hat kein Problem mit Stücken, Schalen, Kernen. Besonders gut für rasche Tomaten-Ragouts eignen sich fleischige Sorten. Unter den kleinfrüchtigen Rispentomaten sind die Datterini und gewisse Kirschtomaten besonders geeignet, sie haben den Vorteil, dass sie sehr kleine Kerne und zarte Schalen haben.

Und was, wenn keine guten, reifen Tomaten verfügbar sind? Die Fleißigen haben vorgesorgt und zu Zeiten des Überangebots selbst eingekocht. Wenn zu viele zu schöne Tomaten da sind, mache ich hin und wieder einen großen Topf meiner schnellen Tomatensauce, fülle sie in kleine Behälter und friere sie ein. Oder aber man hält sich auch da an die italienische Tradition und verwendet Konserven. Ich gebe zu, dass ich lange geglaubt habe, dass „Pelati" eine Sorte ist – dabei bedeutet das, was auf vielen italienischen Verpackungen steht, einfach „geschält". Meist wird die Sorte San Marzano verwendet. Jedenfalls ist es mir lieber, wenn nur Tomaten pur (püriert, in Stücken oder im Ganzen) in Glas, Tetrapack oder Dose sind, ohne Zusatzstoffe, Salz und Gewürze.

Melanzani können tückisch sein. In der Pfanne gebraten, saugen sich viele Sorten mit Öl voll. Es gibt einen einfachen Ausweg: in Scheiben schneiden, salzen und ein wenig zuckern. Eine Viertelstunde stehen lassen, danach die Flüssigkeit, die sich an der Oberfläche gebildet hat, abtupfen. Das macht die Struktur dichter und den Geschmack intensiver. Wer sie jetzt in der Pfanne oder auf einem heißen Blech mit wenig Olivenöl zubereitet, erhält goldbraune Stücke mit feinem Aroma.

PFEFFERONIAUFSTRICH

100 g frische Pfefferoni
100 g eingelegte Pfefferoni
3 Knoblauchzehen
80 ml Crème fraîche
80 ml Topfen
Kräuter nach Belieben (Basilikum, Petersilie, Koriander ...)
Salz

Alle Pfefferoni (je nach gewünschtem Schärfegrad werden milde oder scharfe verwendet), die Kräuter und den Knoblauch fein schneiden. Mit Crème fraîche und Topfen vermischen, salzen. Eventuell mit etwas Flüssigkeit von den eingelegten Pfefferoni cremiger machen.

MELINZANOSALATA

Diese Variante habe ich in Zypern kennengelernt, im nächsten Rezept folgt eine aus Syrien. Die Sauce hält zumindest einige Tage im Kühlschrank und sie schmeckt auch gut aufs Brot.

1 große Melanzani (400 g)
3 Knoblauchzehen
20 ml Weinessig
Olivenöl
schwarzer Pfeffer aus der Mühle
½ TL Zucker
1 TL Salz
1 Zweig Petersilie

Backrohr auf 230 Grad vorheizen.
Den Stiel der Melanzani entfernen, der Länge nach halbieren, das Innere kreuzweise tief einschneiden und in die Schlitze Salz und etwas Zucker reiben. Nach 15 Minuten die ausgetretene Flüssigkeit abtupfen. Mit einigen Tropfen Olivenöl in eine feuerfeste Form geben und ca. 30 Minuten backen, bis sie ganz weich sind. Mit einem Löffel das Innere herausschaben, etwas abkühlen lassen. Knoblauchzehen mit der flachen Seite des Messers andrücken, mit Melanzani, Essig und Pfeffer stabmixen. Dann Olivenöl tropfenweise dazu mixen, bis eine homogene Creme entsteht.
Mit geschnittener Petersilie bestreuen.

Hussams köstliches syrisches
Baba Ganoush
wird daraus, wenn man den Essig weglässt und 3–4 EL Tahine mitmixt.

TOMATEN + MELONE + BALSAMICO

1 große feste Fleischtomate, zum Beispiel Ochsenherz (300 g)
¼ feste Zuckermelone (350 g)
10 ml Balsamico traditionale (oder Balsamessig)
20 ml Olivenöl
schwarzer Pfeffer aus der Mühle
Fleur de Sel
Basilikumblätter

PARADEISEREIS:
2 EL Tomatenmark
60 g Crème fraîche
20 ml Olivenöl
Zucker
Chilipulver
Salz

Für das Paradeisereis Tomatenmark 2 Minuten in Olivenöl anrösten, mit Salz, Zucker und Chilipulver würzen. Ewas abkühlen lassen und dann mit der Crème fraîche verrühren. Einfrieren und nach 3 Stunden noch einmal umrühren. Vor dem Verwenden einige Minuten antauen lassen.
Tomaten und Melonenviertel am besten mit der Schneidemaschine in ½ cm dicke Scheiben schneiden, abwechselnd auf große Teller legen. In die Mitte eine Kugel Paradeisereis setzen. Mit Basilikumblättern verzieren, salzen, pfeffern, mit Olivenöl und Balsamico veredeln.

MEXIKANISCHER TOMATENSALAT

2 große Fleischtomaten (ca. 400 g)
1 Jungzwiebel
2 Knoblauchzehen
1 Bund frischer Koriander
40 ml Olivenöl
1 Chili
Salz

Tomaten vierteln und die Kerne samt der Flüssigkeit mithilfe eines Teelöffels entfernen. Klein würfeln. Jungzwiebel, Knoblauch, Chili, frischen Koriander fein schneiden und darunter mischen. Mit Olivenöl und Salz abschmecken.

PANE CARASAU MIT DATTERINI UND PECORINO

2 tellergroße Stücke Pane Carasau
12 Datterini
50 g Pecorino
1 Jungzwiebel
20 ml Olivenöl
schwarzer Pfeffer aus der Mühle
Fleur de Sel

Datterini vierteln. Pane Carasau unter dem Grill oder in einer Pfanne ohne Fett kurz anrösten. Auf vorgewärmte Teller legen. Tomatenstücke, in Ringe geschnittene Jungzwiebel und frisch gehobelten Pecorino darauf verteilen, mit Salzflocken, Pfeffer und etwas Olivenöl würzen.

TOMATENSAUCE, EINFACH UND SCHNELL

300 g reife, fleischige Tomaten (Datterini, San Marzano, Ochsenherz … oder ersatzweise eine Konserve mit Tomatenstücken)
1 mittelgroße Zwiebel (100 g)
1 Knoblauchzehe
40 ml Weißwein
20 ml Olivenöl
1 Zweig Rosmarin
1 Zweig Origano
Chiliflocken
Zucker
Salz

Tomaten in kleine Stücke schneiden. In einer Pfanne oder einer Sauteuse Olivenöl erhitzen, Rosmarin, Origano, fein geschnittene Zwiebel anschwitzen, ohne dass sie braun wird. Dann fein geschnittenen Knoblauch dazugeben, einmal umrühren und mit Weißwein ablöschen. Tomaten dazugeben, mit Salz, einer Prise Zucker und Chili je nach Geschmack würzen und die Sauce 5 Minuten bei großer Hitze kochen. Wer sie intensiver und dicker will, kocht sie einfach bei kleiner Hitze bis zur entsprechenden Konsistenz.

Dieses Sauce ist Bestandteil verschiedener Gerichte, zum Beispiel in den Rezepten S. 91, S. 128, S. 207. Sie ist aber auch eine wunderbare Pasta-Sauce – mit mehr Chili und Knoblauch lassen sich daraus köstliche **Penne all'arrabbiata** machen.

KALT-WARME TOMATENSUPPE MIT MELANZANI

200 ml kalte pürierte Tomaten
200 g reife Melanzani
1 mittelgroße rote Zwiebel (100 g)
3 Knoblauchzehen
80 ml Weißwein
20 ml heller Balsamessig
20 ml Olivenöl
Chilisauce
2 Zweige frischer Thymian
Zucker
Salz
frisches Basilikum

Melanzani würfeln, salzen und zuckern, eine Viertelstunde stehen lassen und dann die Flüssigkeit abtupfen. 20 ml Olivenöl erhitzen, die fein geschnittene Zwiebel kurz anbraten, dann die Melanzaniwürfel und die Thymianzweige dazugeben und weiterrösten. Ganz kurz den angedrückten Knoblauch (die flache Seite des Messers verwenden) mitrösten, mit Wein und gleich viel Wasser aufgießen. Bei geringer Hitze köcheln, bis die Melanzani ganz weich sind. Stabmixen.
Kalte Tomatensauce mit Salz, einer Prise Zucker, Chilisauce und Balsamessig mixen und in tiefen kalten Tellern anrichten. In die Mitte kommt die warme Melanzani-Creme. Mit Basilikum dekorieren.

GEFÜLLTE PARADEISER AUF KNUSPRIGEM BROT

4 große reife Tomaten
250 g Faschiertes (Schwein, Rind, Lamm oder gemischt)
1 Semmel (oder 60 g Weißbrot)
4 dicke Scheiben Weißbrot
1 Ei
1 in feine Ringe geschnittene Jungzwiebel
2 EL Ketchup
Olivenöl
1 EL fein geschnittener frischer Oregano
1 EL fein geschnittene Petersilie
eventuell gemahlener Koriander und/oder Kreuzkümmel
schwarzer Pfeffer aus der Mühle
Salz, Fleur de Sel

Backrohr auf 200 Grad vorheizen.
Die Kappe der Tomaten abschneiden (das ist die dem Strunk gegenüberliegende Seite), die Tomaten aushöhlen und das fleischige Innere zerkleinert in eine Schüssel geben. Semmel in Wasser aufweichen. Gut ausdrücken und gemeinsam mit dem Faschierten, dem Ei, den Kräutern, der Jungzwiebel, den Gewürzen, Salz und Ketchup dazugeben und kräftig mit der Hand durchkneten. Wer wie ich den Geschmack der Levante liebt, gibt noch 1 Teelöffel Kreuzkümmel und Koriander dazu.
Die faschierte Masse in die Tomaten füllen, obenauf einen großen Gupf der Masse setzen.
Eine passende Ofenform mit Olivenöl beträufeln und mit einigen Salzflocken bestreuen, die Tomaten daraufsetzen.
Ein Blech mit Olivenöl beträufeln, Brotscheiben darauflegen, wieder einige Tropfen Olivenöl darauf, mit Fleur de Sel bestreuen.
Die gefüllten Paradeiser und die Brotscheiben backen. Nach zehn Minuten das Blech mit den Brotscheiben aus dem Rohr nehmen, die Hitze auf 160 Grad reduzieren. Die Paradeiser weitere 20 Minuten backen. Die letzten 3 Minuten die Brotscheiben wieder in den Ofen geben, um sie anzuwärmen.
Brotscheiben auf gewärmte Teller legen, darauf eine gefüllte Tomate setzen. Mit Jungzwiebel oder Petersilie dekorieren.

Dieses Rezept gelingt auch mit halbierten **Paprika**, halbierten und ausgehölten **Zucchini** oder **Melanzani**. Auch gekochte, halbierte und ausgehöhlte **Kartoffeln** sind eine feine Hülle; man kann auf diese Art auch übrig gebliebene verarbeiten.

PARMIGIANA

So einfach, und doch gibts tausend Varianten für die Parmigiana, diesen Auflauf aus Melanzani, Tomaten und Parmesan. Mein Lieblingsrezept hab ich von Mirjam, der Frau unseres Neffen Simon. Sie ist Vegetarierin – und eine großartige Köchin. Mirjam hat zum 88. Geburtstag meiner Mutter aufgekocht, diese Parmigiana gab es als warme Vorspeise. Was für ein Glück, Teil einer solchen Familie zu sein (nicht nur wegen des Essens ...)!

600 g Fleischtomaten (oder 350 ml Tomaten-Konserve)
1 Melanzani (ca. 300 g)
1 mittelgroße Zwiebel (100 g)
6 Knoblauchzehen
100 g Parmesan
Olivenöl
1 großer Zweig Rosmarin
viel frisches Basilikum
Chiliflocken
schwarzer Pfeffer aus der Mühle
Salz

Backrohr auf 220 Grad vorheizen.
Tomaten gegenüber vom Strunkansatz kreuzweise einritzen und in kochendem Wasser für 30 Sekunden blanchieren und die Haut abziehen. Wer keine guten reifen Tomaten hat, nimmt geschälte Dosentomaten (San Marzano sind perfekt) und lässt sie abtropfen.
Fein geschnittene Zwiebel in 20 ml Olivenöl anbraten, 2 fein geschnittene Knoblauchzehen dazu, einmal umrühren. Dann die Tomatenwürfel dazugeben, mit Salz, Pfeffer, dem Rosmarinzweig und etwas Chili würzen. Auf kleiner Flamme kochen lassen, bis die Sauce dick wird. Das dauert ca. 30 Minuten. Ab und zu umrühren.
Während die Tomatensauce köchelt, die Melanzani in 1 cm dicke Scheiben schneiden, salzen und nach 15 Minuten trocken tupfen. 4 Knoblauchzehen in 20 ml Olivenöl pressen und die Melanzani damit bestreichen. Melanzani auf ein Backblech legen und pfeffern. Im Ofen backen, bis sie Farbe bekommen. Die Hitze im Backrohr auf 180 Grad reduzieren.
In eine feuerfesten Form eine Lage Melanzani legen, eine Lage Tomatensauce darüber geben, Basilikumblätter darauf und anschließend mit frisch geriebenem Parmesan bestreuen. So lange wiederholen, bis alle Zutaten aufgebraucht sind, die letzte Schicht ist geriebener Parmesan.
20 Minuten backen, mit Basilikumblättern verzieren und heiß in der Form servieren.

Karfiol, seine Verwandten + Artischocke

/ Lange Zeit waren Karfiol und Co unbeliebt.. Man hat sie traditionellerweise in Wasser totgekocht. Ihr feiner Geschmack entfaltet sich allerdings viel besser, wenn der Großteil davon nicht im Kochwasser geblieben ist. Übrigens: Nur mit schlechtem Dünger gezogener Karfiol stinkt. Der andere duftet ... Gerade bei den Blütengemüsen empfiehlt es sich, Bio-Ware zu nehmen – oder die Produzentin und ihre Methoden gut zu kennen.

Der im Ofen gebackene Karfiol ist inzwischen richtig hip geworden. Manche Köche tun so, als hätten sie ihn erfunden. Dabei gibt es solche Rezepte seit Jahrhunderten in der Alltagsküche rund ums Mittelmeer. Wir haben gebackenen Karfiol in einer wunderbaren kleinen Trattoria in Südsardinien kennengelernt. Mira liebt ihn genauso wie ich: Einfacher geht's nicht, und das Ergebnis ist purer Geschmack.

Apropos Italien: Das, was häufig als „Wildbrokkoli" bezeichnet wird, ist meist Cima di Rapa– eine italienische Blütengemüsesorte, die es erst langsam in den deutschsprachigen Raum schafft. In Apulien bereitet man sie mit Knoblauch, Chili und Acciughe, eingelegten Sardellen, zu. Übrigens: Auch der selbst gezogene Brokkoli hat meist längere Stiele und kleinere Blüten (vor allem die Teile, die nach der ersten Ernte nachwachsen) – zumindest ist das bei mir im Garten so. Und er schmeckt ähnlich aromatisch wie Cima di Rapa.

Artischocken gehören zwar botanisch nicht zu Karfiol und Brokkoli, sondern – wie Kardi – zu den essbaren Distelgewächsen. Zu den Blütengemüsen zählt man sie, weil auch bei ihnen die Knospen zubereitet werden. Das ist manchmal etwas mühsam, aber es gibt auch einfache – und noch einfachere – Versionen dieses köstlichen und gesunden Gemüses. Immerhin kann man junge Artischocken ja auch eingelegt kaufen. Wer sie selbst kocht, wird allerdings zusätzlich belohnt: Durch Beigabe von Brot, einer halbierten Zwiebel und etwas Öl wird aus dem Kochwasser eine aromatische Suppe mit eleganter Bitter-Note.

WILDBROKKOLI MIT KURKUMA UND CHILI

200 g Brokkoli mit langen Stielen oder Cima di Rapa
1 TL gemahlene Kurkuma
2 Knoblauchzehen
2 EL Chilisauce
40 ml Weißwein
20 ml Olivenöl
Fleur de Sel

In einer Pfanne Olivenöl erhitzen, die Brokkoli- oder Cima-di-Rapa-Blüten samt langem Stiel einlegen und auf allen Seiten anbraten. Dann mit Kurkuma, Chilisauce und Salzflocken würzen. Den blättrig geschnittenen Knoblauch dazugeben, einmal umrühren und sofort mit dem Weißwein ablöschen. Deckel auf die Pfanne geben, 2–3 Minuten schmoren. Danach auf vorgewärmten Tellern anrichten.

Dieses Gericht kann man als Vorspeise (eventuell ergänzt durch ein paar eingelegte Sardellenfilets oder Schinken) servieren, es eignet sich aber auch sehr gut als Beilage zu kurz gebratenem Fleisch.

SAURER KARFIOL MIT APFEL UND INGWER

In „Russen kommen" lernt Mira nicht nur viel über Vorurteile. Bei der Recherche für diesen Krimi konnten wir die überwältigende Gastfreundschaft unserer Freundin Susanne Scholl, damals ORF-Korrespondentin in Moskau, genießen – und ihr Wissen über diese ganz besondere Küche. Bei den russischen Vorspeisen, den Sakuski, dürfen sauer eingelegte Gemüse jedenfalls nicht fehlen.

1 Karfiolkopf (500 g)
2 feste Äpfel (300 g)
40 g Ingwer
200 ml Apfelessig
700 ml Weißwein
1 EL Korianderkörner
1 Zimtstange
1 ganzer Chili
1 EL Zucker
1 EL Salz

Ingwer schälen und in feine Scheiben schneiden. Mit Apfelessig, Wein, Salz, Zucker, Koriander, Zimt, Chili in einem ausreichend großen Topf aufkochen. Karfiol in Rosen teilen, größere halbieren. Nachdem die Flüssigkeit 3 Minuten gekocht hat, die Karfiolrosen einlegen, Deckel darauf und warten, bis alles wieder aufkocht. Das Kerngehäuse der Äpfel entfernen und sie in 8 Spalten schneiden. Nachdem der Karfiol 1 Minute gekocht hat, Hitze abdrehen. Jetzt erst die Äpfel dazugeben, einmal umrühren. Abgedeckt ziehen lassen, bis alles lauwarm ist. Am besten in Gläser mit Schraubverschluss abfüllen und in den Kühlschrank geben.

Gekühlt hält das saure Gemüse einige Wochen – vorausgesetzt, man verwendet nur saubere Löffel, um etwas zu entnehmen.
Als Teil des berühmten Sakuski, als pikante Kleinigkeit, eventuell gemeinsam mit Oliven, als Auftakt zu einem Menü oder einfach so als Snack servieren.

CREMIGER KARFIOL

1 Karfiolkopf (500 g)
250 ml Suppe (Huhn, Rind, Gemüse)
Chilipulver
Salz

Ist keine Suppe da, kocht man 300 ml Wasser mit 2 TL Gemüsewürze, einer halbierten kleinen Zwiebel (sie wird dann wieder entfernt) und etwas Salz eine Viertelstunde lang.
Karfiol in die Rosen teilen, größere Rosen halbieren. Den Strunk in dünne Scheiben schneiden. Alles in die kochende Suppe geben, mit zusätzlich Salz und Chilipulver würzen. Zugedeckt auf kleiner Flamme kochen, ab und zu umrühren, bis der Karfiol zerfällt. Stabmixen.

Man kann diese Karfiolcreme in vorgewärmte kleine Schüsseln füllen, mit etwas Olivenöl beträufeln und als Vorspeise mit frischem Weißbrot oder Grissini servieren. Sie ist aber auch eine feine Beilage zu Fischfilets oder gebratenen Garnelen.

Mira nimmt sie in „Heißzeit 51" als Ergänzung zu **Lammfaschiertem**. Die einfachste Masse dafür findet sich im Rezept für Gefüllte Paradeiser (S. 34). Die Laibchen werden in ganz wenig Öl in einer beschichteten Pfanne auf beiden Seiten goldbraun gebraten.

IM GANZEN GEBACKENER KARFIOL

Im Krimi „Heißzeit 51“ bereitet die umtriebige Nichte eines besonderen Bezirkspolizeikommandanten dieses Gericht zu. Er hat es lieber mit etwas Speck. Sie findet das unnötig, aber sie ist auch Veganerin.

1 junger fester Karfiolkopf
6 getrocknete Tomaten
40 ml Wermut (oder Weißwein)
40 ml Olivenöl
Chiliflocken
Fleur de Sel
eventuell 50 g Speck

Dafür braucht man eine feuerfeste Form mit einem gut schließenden Deckel, die nicht viel größer ist als der Karfiolkopf. Tontöpfe oder Töpfe aus Eisen oder Email eignen sich besonders gut.

Backrohr auf 200 Grad vorheizen. Topf mit etwas Olivenöl beträufeln, einige Flocken Salz darauf geben. Karfiol von den großen Blättern befreien, die kleinen können bleiben. Den Strunk eng beim Blütenansatz abschneiden. Den Karfiolkopf im Ganzen in den Topf setzen. Einmal fest mit der flachen Hand darauf drücken, damit die untersten Karfiolrosen etwas zur Seite gedrückt werden. Eventuell mit einem kleinen Messer nachhelfen. Olivenöl über den Karfiol geben, dann Wein darüber träufeln. Die getrockneten Tomaten halbieren und zwischen die Karfiolrosen stecken. Mit Salz und Chiliflocken bestreuen. Deckel aufsetzen, je nach Größe des Karfiols, 1 bis 1½ Stunden backen.

Der Karfiolkopf sollte ganz weich sein und beinahe von selbst zerfallen. Im Topf servieren. Wer will, kann klein geschnittenen Speck mitbacken. Man kann den gebackenen Karfiol aber auch beim Anrichten mit jeder Form von Schinken ergänzen.

Alternativ kann man den gebackenen Karfiol auch mit asiatischen Gewürzen zubereiten. Dafür vor dem Backen gemahlene Kurkuma, Kreuzkümmel und Koriander darüberstreuen.

ARTISCHOCKENSUPPE MAL ZWEI

Artischocken sind stachlig und schwer zu verarbeiten. Artischocken schmecken köstlich und sind dazu auch noch sehr gesund. Der Kompromiss? Ich habe immer eingelegte Artischocken zu Hause. Aber man sollte sich durchaus auch an frische Artischocken wagen. Man kann übrigens viel mehr von ihnen verwenden, als allgemein angenommen wird. In Sardinien habe ich gelernt, dass man in den Fond neben Brot und Zwiebeln auch einige getrocknete Feigen gibt, um die Bitterstoffe auf das richtige Maß zu bringen. Übrigens nehme ich dafür Sonnenblumenöl und nicht Olivenöl, das selbst Bitterstoffe hat.

6 kleine junge Artischocken (oder 3 große)
1 Stück Weißbrot (30 g)
1 mittelgroße Zwiebel (100 g)
2 Knoblauchzehen
1 Karotte oder gelbe Möhre
2 getrocknete Feigen
100 ml Weißwein
40 ml Sonnenblumenöl
1 Chili
1 EL Gemüsewürze
2 TL Zucker
2 TL Salz

ALS EINLAGE:
Jungzwiebeln, Suppennudeln, Tagliatelle, Nudeltascherl oder Brot

ZUM BINDEN FÜR DIE CREMIGE ARTISCHOCKENSUPPE:
2 Stück Weißbrot (60 g), eventuell 2 EL Crème fraîche, 2 EL geriebener Parmesan oder Pecorino, mildes Olivenöl

Einen Topf, der so groß ist, dass alle Artischocken hineinpassen und dann noch eine Handbreit Platz bis zum Deckel bleibt, zur Hälfte mit Wasser füllen. Mit Weißwein, Chili, Sonnenblumenöl, Salz, Zucker, Gemüsewürze, der geschälten halbierten Zwiebel, dem mit der flachen Seite des Messers angedrückten ungeschälten Knoblauch und dem Brot aufkochen. Inzwischen die Artischocken vom holzigen Teil des Stiels befreien, den restlichen Stiel schälen, sodass die groben Fäden weg sind. 2–3 Reihen (je nach Größe) der Außenblätter abzupfen. Bei den kleinen Artischocken das obere Drittel mit einem Sägemesser entfernen. Bei den großen kann man es dran lassen, da werden die ganzen Blätter danach gezupft. Die geschälte Karotte und die Artischocken im Ganzen ins Kochwasser geben, mit einem Deckel beschweren, weil sie sonst aufschwimmen. Die Karotte nach 15 Minuten entfernen, jetzt ist sie bissfest. Die Artischocken insgesamt 20 bis 30 Minuten kochen.
Artischocken mit einem Siebschöpfer herausholen und zur Seite geben. Große serviert man **heiß im Ganzen**, zupft die einzelnen Blätter ab, taucht sie in Mayonnaise, eine Estragon-Dippingsauce (Rezept S. 166) oder einfach in eine Mischung aus Olivenöl, Salz und Zitrone und genießt das bisschen Artischockenfleisch am Blattgrund.

Die Suppe abseihen und wieder zum Kochen bringen. Karotte und Feigen in Scheiben schneiden, die schönen Stücke der Zwiebel in Segmente teilen.

Als **klare Artischockensuppe** mit Karotte, Zwiebel, Feigen, Jungzwiebelringen und eventuell ein paar Nudeln oder knusprig gerösteten Brotstücken servieren.

Für die **cremige Artischockensuppe** 2 Brotscheiben in ganz wenig Olivenöl anrösten, dann in 500 ml kochende Suppe geben und nach einer Minute stabmixen. Eventuell mit Crème fraîche verfeinern. Beim Anrichten mit Parmesan oder Pecorino bestreuen und mit ein paar Tropfen mildem Olivenöl garnieren.

ÜBERBACKENE ARTISCHOCKEN

3–6 frisch gekochte Artischocken (siehe oben) oder 10 eingelegte Artischockenteile
200 g Camembert
Olivenöl
Fleur de Sel

Die gekochten Artischocken noch warm mit einem Sägemesser halbieren. Bei jungen Artischocken braucht man jetzt nur mehr das bisschen „Bart" oder „Gras" aus der Mitte mit einem kleinen Messer und Löffel entfernen.
Sind die Artischocken größer, zupft man alle Blätter ab und schneidet zum Schluss das Gras aus der Mitte. So erhält man Artischockenböden. Die Blätter kann man für Artischockencreme (nächstes Rezept) verwenden.
Grill aufs Maximum vorheizen.
Ein Blech oder eine passende flache Pfanne mit Olivenöl beträufeln. Die Artischocken darauf legen. Auf jedes Stück ein Stück Camembert geben, mit ein paar Salzflocken bestreuen. Grillen, bis sich der Käse stellenweise goldbraun färbt.
Entweder pur oder auf Weißbrotscheiben oder auf mit Balsamico, Salz und Pfeffer abgeschmecktem Rucola servieren.

ARTISCHOCKENCREME

Artischockenblätter der gekochten Artischocken
etwas Ricotta oder Frischkäse
1 Knoblauchzehe
Salz

Mit einem kleinen Löffel das Artischockenfleisch vom unteren Teil der Blätter schaben und in eine kleine Schüssel geben. Mit derselben Menge Ricotta oder Frischkäse vermischen, mit der flachen Seite des Messers eine Knoblauchzehe andrücken, ganz fein schneiden, dazugeben, salzen und alles gut vermischen.
Diese Creme eignet sich auch hervorragend als Belag für Crostini (Rezepte S. 87 f.).

Spargel

Spargel gilt als die Königin der Gemüse. Seit ich unter der Anleitung unserer Spargelbäuerin Inci versucht habe, Spargel zu stechen, habe ich eine neue Theorie, warum: weil es so mühsam ist, an ihn heranzukommen. Im Weinviertel, der Gegend, in der ich daheim bin (und in die Mira, nicht nur wegen des köstlichen Veltliners, so gerne Ausflüge macht), gibt es ein wunderbares Angebot dieses Königinnen-Gemüses. Man kann zwischen Weiß, Grün und Lila wählen. Auch wenn inzwischen natürlich jeweils besonders geeignete Sorten kultiviert werden: Grundsätzlich ist der Spargel weiß, solange er noch nicht aus der Erde sieht. Überirdischer Spargel ist grün oder eben lila. Wobei sich die meisten lila Arten beim Kochen dann wieder grün färben. Die Dicke sagt übrigens nichts über die Qualität aus, am zartesten ist Spargel immer nahe den Spitzen.

Am wichtigsten ist freilich die Frische. Ich kann Spargel quasi direkt vom Feld kaufen, ein Luxus, den ich zu schätzen weiß. Um sein Alter zu prüfen, gibt es allerdings auch einen (wenig rücksichtsvollen) Trick: einfach eine weiße Stange Spargel auf einen harten Boden fallen lassen; zerbricht sie, ist sie frisch. Weniger auffällig: Kann man Spargelstangen biegen, sind sie alt.

Gerade bei Spargel lohnt es sich, ihn nur zu kaufen, wenn er in unseren Breiten wächst. Spargel aus Übersee hat nicht nur aus ökologischen Gründen in einer guten Küche nichts verloren – das gilt übrigens ebenso für Restaurants. Ich nehme es als Zeichen, wie dort auch sonst mit Lebensmitteln umgegangen wird.

Entsprechend empört war ich, als ich in Sardinien mitten im Winter in einem guten Ristorante auf Spargelrisotto gestoßen bin. – Und ich habe wieder einmal gelernt, dass Recherche besser ist als vorschnelle Aufregung: In Sardinien gibt's nämlich köstlichen grünen Wildspargel, und den findet man bereits ab Jänner (vorausgesetzt, man weiß, wo man suchen muss).

Ist der Spargel frisch, bedarf es nur mehr ganz wenig bis zu einem gelungenen Gericht: Man sollte ihn nicht zu lange kochen. Allerdings ist auch die entgegengesetzte Mode, ihn steinhart zu lassen, schade. Da kann man ihn gleich roh verwenden – das geht und schmeckt wunderbar.

SPARGEL RICHTIG KOCHEN

500 g Spargel, weiß oder grün
40 g Butter
40 ml Olivenöl
1 EL Zucker
1 EL Salz, Fleur de Sel

1 l Wasser in einem breiten Topf (die Spargelstangen sollten der Länge nach hineinpassen) zum Kochen bringen, mit Salz, Zucker und 20 g Butter würzen (Spargelwasser sollte immer überwürzt schmecken). Den Spargel schälen (den weißen unter dem Spargelkopf bis zum Ende, beim grünen ungefähr bei der Hälfte der Stangen beginnen), holzige Enden entfernen. Spargel ins kochende Wasser legen, Deckel drauf und je nach Dicke maximal 1 (ganz dünn) bis 10 Minuten (extradicker Solospargel) bei geringer Hitze kochen. Wenn 8 Stangen ca. 500 g wiegen, passen 5 Minuten Kochzeit (ab dem Einlegen) gut.
Olivenöl erwärmen, 20 g Butter darin schmelzen. Den Spargel heiß auf vorgewärmte Teller geben, mit der Öl-Butter-Mischung übergießen und mit ein paar Salzflocken bestreuen.

Wem gekochter Spargel übrig bleibt, kann ihn für das nächste Rezept verwenden:

ÜBERBACKENER SPARGEL

8 dicke Stangen Spargel (500 g)
1 Ei
50 g Crème fraîche
100 g Sauerrahm
20 g geriebener Hartkäse
Olivenöl
eventuell Chilipulver
Salz

Das Backrohr auf 200 Grad vorheizen.
Eine feuerfeste Form mit ganz wenig Olivenöl beträufeln, gekochten Spargel dicht nebeneinander legen. Ei, Crème fraîche, Sauerrahm, Käse, Salz, eventuell Chili mixen. Die Masse über den Spargel verteilen. Backen, bis die Oberfläche goldgelb wird. Das dauert ca. 20 Minuten.

KLARE SPARGELSUPPE

In „Russen kommen" kocht Mira für Oskar ein Spargelmenü. Sie ist mit ihren Recherchen zufrieden. Bei dem ermordeten Russen scheint es sich um den Oligarchen Dolochow zu handeln. Nur dass dieser, während sie in der Küche steht und Spargelsuppe zubereitet, anruft. Was ist Wahrheit, was Täuschung? Der Spargel aus Aderklaa im Marchfeld ist jedenfalls frisch.

500 g dünner weißer Spargel
200 g dünner grüner Spargel
20 ml Olivenöl
1 EL Gemüsewürze
eventuell einige Fäden Safran
1 TL Zucker
2 TL Salz

Vom weißen Spargel die Spitzen (ca. 3 cm lang) zur Seite geben. Die anderen Teile zwei-, dreimal durchschneiden. Schälen ist unnötig. Vom grünen Spargel das hintere Drittel abschneiden, das vordere mit den Spitzen in 3 cm lange Stücke schneiden und zu den weißen Spitzen geben. 600 ml Wasser mit Zucker, Salz, Olivenöl und Gemüsewürze aufkochen, alle hinteren Spargelstücke einlegen und 15 Minuten bei geringer Hitze kochen. Danach 10 Minuten zugedeckt ziehen lassen und abseihen.

Die Suppe wieder aufkochen, eventuell Safranfäden dazugeben. In der Suppe die weißen und grünen Spargelspitzen ca. 2 Minuten bissfest garen.

Als zusätzliche Suppeneinlage passen Nudeln oder Nudeltascherl. Auch Frittaten (für Nicht-Österreicher*innen: in feine Streifen geschnittene Palatschinken, ja, das ist auch österreichisch, aber Pfannkuchen und Crêpes sind bloß mit ihnen verwandt und doch anders, den Teig findet man auf S. 206) eignen sich ausgezeichnet.

Für die Spargelsuppe kann man anstelle von dünnem Spargel auch Spargelschalen und die holzigen hinteren Teile verwenden – nimmt man dickeren weißen Spargel für andere Gerichte, entsteht so quasi nebenbei eine Suppe. Allerdings sollte man die Schalen nur knapp mit Wasser bedecken, für 2 Portionen Suppe braucht man die Schalen und Endstücke von ca. 1 kg Spargel.

ROHER SPARGELSALAT

2 dicke weiße Spargelstangen
8 ganz dünne grüne Spargelstangen
20 g Rucola oder junger Spinat
1 gekochtes Ei

MARINADE:
40 ml Olivenöl
20 ml Zitronensaft
eventuell etwas Chilipulver
½ TL Zucker
½ TL Salz

Die weißen Spargelstangen schälen. Danach auf ein Brett legen und vom Kopf beginnend mit dem Sparschäler der Länge nach in Streifen schneiden. Die grünen Spargelstangen der Länge nach mit einem Messer halbieren oder vierteln.
Aus Olivenöl, Zitronensaft, Zucker, Salz, eventuell Chilipulver eine Marinade mixen.
Rucola oder jungen Spinat auf zwei Teller verteilen, darauf die rohen Spargelstreifen legen. Das Ei hacken und darüber bröseln. Alles mit der Marinade beträufeln.
Wer mag, kann diesen besonderen Spargelsalat mit einigen Scheiben geräuchertem oder gebeiztem Fisch umkränzen.

KLASSISCHER SPARGELSALAT

entsteht, wenn man die Marinade mit zwei Löffeln Crème fraîche, Mayonnaise oder Joghurt mit 10% Fett anreichert. 250 g Spargel (Rezept S. 49) bissfest kochen, warm in mundgerechte Stücke schneiden und marinieren. Entweder pur oder auf Frühlingssalat anrichten.

FLOTTE SPARGEL-NUDELN

300 g dünner grüner Spargel
200 g Pappardelle (oder andere breite Eier-Nudeln)
1 Knoblauchzehe
1 Jungzwiebel
20 g Butter
20 ml Olivenöl
40 ml Wermut oder Suppe
eventuell 50 g Crème fraîche
eventuell Chiliflocken
Zucker
Salz

Die holzigen Spargelenden abschneiden. Den Spargel in ca. 4 cm lange Stücke schneiden.
2 l Wasser mit 1 EL Salz zustellen.
In einer hohen Pfanne oder Sauteuse Butter und Olivenöl erhitzen, die Spargelstücke anbraten. Mit Salz, Zucker, eventuell Chili würzen, die in Ringe geschnittene Jungwiebel kurz mitrösten, danach den feinblättrigen Knoblauch dazugeben, nur einmal umrühren und mit Wermut oder Suppe ablöschen.
In der Zwischenzeit die Nudeln bissfest kochen. Nudeln mit einer Zange oder einem Siebschöpfer direkt zu den Spargelstücken geben. Einige Esslöffel vom Nudelwasser dazugeben. Bei maximaler Hitze die Nudeln mit dem Spargel und eventuell etwas Crème fraîche durchrühren. Auf vorgewärmte tiefe Teller häufen, mit einigen Spargelspitzen und Jungzwiebel garnieren.

GEBRATENER SCHARFER SPARGEL

300 g dünner grüner Spargel
40 ml Olivenöl
40 ml Wermut oder Suppe
1 EL Chilisauce
Fleur de Sel

Die holzigen Endstücke der Spargelstangen entfernen. Wenn die Stangen frisch und dünn sind, braucht man sie nicht zu schälen. Sind sie etwas dicker, dann die untere Hälfte der Stangen schälen. Olivenöl in einer großen Pfanne erhitzen. Spargelstangen rundum bei mittlerer Hitze anrösten. Dann die Chilisauce dazugeben, noch 1 Minute rösten. Mit Wermut oder Suppe ablöschen, zugedeckt 1–2 Minuten braten.

Der scharfe Spargel passt sehr gut als Beilage zu diversen Fleischgerichten, er ist aber auch für sich, eventuell ergänzt durch ein paar Blätter Schinken oder gekochte Kartoffeln, eine feine Vorspeise.

SPARGEL-COUSCOUS

300 ml Spargelsuppe (siehe Rezept S. 50)
200 g Spargelspitzen
150 g Couscous
1 Jungzwiebel
20 ml Olivenöl (oder Butter)
½ TL Kurkuma
eventuell Chilipulver und/oder gemahlener Kreuzkümmel
1 TL Salz

Die Spargelsuppe mit den rohen Spargelspitzen und Kurkuma aufkochen, Couscous und die in Ringe geschnittene Jungzwiebel dazugeben, salzen, eventuell andere Gewürze dazugeben, umrühren. Die Hitze abdrehen, zudecken und 5 Minuten quellen lassen. Danach das Olivenöl oder die Butter untermengen. Das Couscous – am besten mithilfe von Speiseringen – auf vorgewärmte Teller häufen. Mit einigen Spargelspitzen oder ganzen Spargelstangen dekorieren.

GEWOKTER SESAM-SPARGEL MIT WELS

300 g Welsfilet
300 g weiße und grüne Spargelspitzen
1 Jungzwiebel
30 ml geröstetes Sesamöl
40 ml Weißwein
20 ml Ketjap Manis (oder eine nicht zu salzige Sojasauce)
30 g Ingwer
1 EL Sesam
frischer Chili
Zucker
Salz
2 Limettenscheiben

In einem Wok (oder einer beschichteten Pfanne) das Sesamöl erhitzen. Dicke Spargelspitzen 1 Minute in Salz-Zucker-Wasser blanchieren, dünne gleich roh bei großer Hitze anrösten und salzen. Das Welsfilet in daumendicke Streifen schneiden, den Ingwer fein schneiden, beides dazugeben und 3 Minuten weiterrösten. In Ringe geschnittene Jungzwiebel, Sesam und geschnittenen Chili dazugeben, noch einmal durchschwenken. Mit Weißwein ablöschen, mit Ketjap Manis oder Sojasauce abschmecken, eventuell nachsalzen.
In heißen Tellern oder Schüsseln anrichten, mit etwas Jungzwiebel und Limettenscheiben garnieren.

Kraut + Rüben

/ Wenn etwas „wie Kraut und Rüben" ist, dann meint man damit eine Form von Chaos, Durcheinander: Da werden Dinge vermischt. Oh, heilige Ordnung! In der Küche hat sie gleichzeitig Sinn und ist manchmal doch Unsinn. Es ist einfach praktisch zu wissen, in welcher Küchenlade, in welchem Kühlfach was ist. Deswegen versuche ich das meiste auf denselben „Fixplatz" zu legen. Und bevor man zu kochen beginnt, ist es gut, nicht nur die Gedanken, sondern auch die Zutaten zu ordnen. Die Zutaten in diesem Kochbuch habe ich übrigens nach ihrer Wichtigkeit gereiht – und danach, wie man am einfachsten klärt, was da ist und was man noch braucht.

„Mise en place" heißt das im Küchenfranzösisch. Man bereitet vor. Nur so kann man in einer Profiküche für viele Menschen à la minute unterschiedliche Gerichte zubereiten. Da ist das Kraut schon gewaschen und geputzt. Die Kartoffeln sind gekocht, die Zwiebel ist fein geschnitten, der Gemüsefond steht bereit und bei den Fischfilets sind die Gräten gezupft. Mira hat das in „Ausgekocht" im Gasthaus Apfelbaum gelernt. Und ich im realen Vorbild dieses fiktiven Lokals, Manfred Buchingers Gasthaus „Zur Alten Schule".

So lässt sich aber auch im Privaten entspannter arbeiten. Wenn ich daheim ein größeres Menü für mehr Menschen zubereite, mache ich mir außerdem einen ungefähren Ablauf-Plan: Was dauert am längsten? Womit beginne ich? Gibt es etwas, das ich bequem vorbereiten kann? Brauche ich das Backrohr bloß für ein oder für mehrere Gerichte?

Andererseits ist es wunderbar, zu mischen, zu vermischen und Unordnung ins traditionelle Rezeptgefüge zu bringen. Nur so entsteht Neues, und fehlt eine Zutat, dann lässt man sie eben weg oder ersetzt sie durch eine andere.

Nicht nur für Knollensellerie und Rote Rübe, sondern auch bei Kraut und Kohl gibt es abseits der klassischen Zubereitungsarten viele Möglichkeiten. Übrigens: Blanchiert man Kraut- oder Kohlblätter in kochendem Wasser und schreckt sie ganz kurz in eiskaltem Wasser ab, wird ihre Farbe knallgrün. Sie bleibt es auch – solange sie danach nicht lange gekocht werden. Besonders dekorativ ist es, beim Anrichten diese grünen Blätter als Blickfang zu verwenden.

ROTE-RÜBEN-SUPPE MIT ZANDER

Das Rezept nimmt Anleihen bei der russischen und polnischen Küche. Dort gelten die Suppen oder Eintöpfe mit Roter Rübe und Kraut als Nationalgericht. Ich finde, dass asiatische Gewürze dieser Suppe besonderen Pep geben.

300 g Rote Rüben
400 g Zanderfilet (oder andere weißfleischige Fischfilets)
1 Karotte (100 g)
1 Gelbe Rübe (100 g)
1 Jungzwiebel
20 g Ingwer
100 ml Weißwein
1 EL Gemüsewürze
Chiliflocken
10 Pimentkörner
10 schwarze Pfefferkörner
1 Sternanis
Salz

Vom Zanderfilet das dicke Mittelstück (ungefähr die Hälfte des Gewichts) zur Seite geben. Den Rest mit 500 ml Wasser, Wein, Gemüsewürze, Piment, Pfeffer, Sternanis, Chili, den Ingwer-Schalen, der geschälten (Schalen auch in den Fond geben!) Karotte und Gelben Rübe 15 Minuten kochen. Karotte und Gelbe Rübe aus dem Fond fischen. Rote Rübe in Salzwasser kochen, die noch heiße Rübe unters fließende kalte Wasser halten, so lässt sie sich ganz einfach mit den Fingern abschälen. Danach in 1 cm große Würfel schneiden. Karotte und Gelbe Rübe in Scheiben schneiden. Fond abseihen, wieder zum Kochen bringen, fein geschnittenen Ingwer und Gemüse einlegen. Mit Chili (je nachdem, ob und wie scharf man es mag) und Salz nachwürzen. Jungzwiebel in feine Ringe schneiden, 1 Minute mitkochen. Zandermittelstück in vier Teile schneiden, in die Suppe legen. Sofort, wenn die Suppe aufkocht, Hitze abdrehen und die Suppe zugedeckt einige Minuten ziehen lassen. In heißen Tellern anrichten.

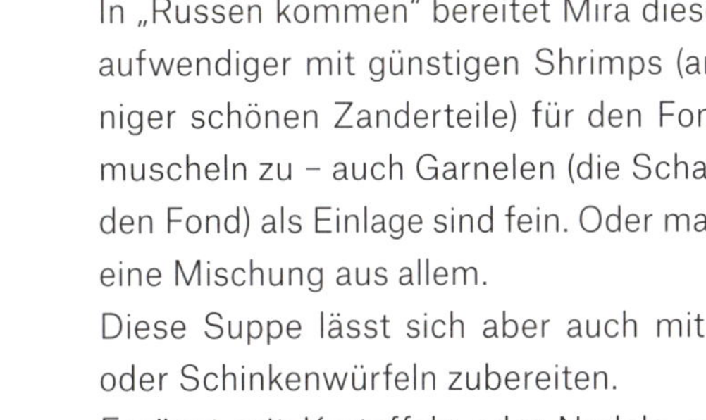

In „Russen kommen“ bereitet Mira diese Suppe etwas aufwendiger mit günstigen Shrimps (anstelle der weniger schönen Zanderteile) für den Fond und Jakobsmuscheln zu – auch Garnelen (die Schalen kommen in den Fond) als Einlage sind fein. Oder man nimmt gleich eine Mischung aus allem.
Diese Suppe lässt sich aber auch mit Hühnerfleisch oder Schinkenwürfeln zubereiten.
Ergänzt mit Kartoffeln oder Nudeln, wird daraus ein Hauptgericht.

SELLERIE-SPIESSE MIT GARTENKRÄUTERN

400 g Sellerieknolle
1 mittelgroße Zwiebel mit Schale
3 Jungzwiebeln
Olivenöl
frische robuste und großblättrige Kräuter wie Salbei, Basilikum, Portulak, Liebstöckel
1 EL Gemüsewürze
Räuchersalz
4 Holzspieße
eventuell roter Paprika, kleine Tomaten, geräucherte Wurst, Schinken, gegartes Hühnerfleisch

Sellerieknolle gut waschen, schälen, halbieren. Zwiebel halbieren und auf der Herdplatte oder in einer schweren Pfanne ohne Öl an den Schnittflächen dunkelbraun werden lassen. Sellerie und Zwiebel knapp mit Wasser bedecken und aufkochen. Gemüsewürze und Salz dazugeben, ca. 30 Minuten bei wenig Hitze köcheln lassen.
Sellerie in Stücke schneiden. Jungzwiebeln in 3 cm lange Stücke schneiden. Die Selleriewürfel abwechselnd mit Jungzwiebelstücken und Kräutern auf einen Spieß stecken, mit Olivenöl bepinseln, mit Räuchersalz würzen.
Entweder auf dem Holzkohlengrill oder in einer Pfanne mit wenig Olivenöl zubereiten.

Man kann diese Spieße mit Wurst, anderem „Fleischigem" oder Gemüse ergänzen.

GEBACKENER SELLERIE MIT RÄUCHERSALZ UND POCHIERTEM EI

1 mittelgroße Sellerieknolle (zumindest 500 g)
2 Eier
2 Weißbrotscheiben
20 ml Olivenöl
80 ml Weißwein
2 TL Räuchersalz
Selleriegrün oder Petersilie

POCHIERTE EIER:
2 Eier
Olivenöl
40 ml Essig
Fleur de Sel

Dieses Rezept funktioniert ähnlich wie der im Ganzen gebackene Karfiol (S. 41). Auch hier braucht man eine feuerfeste Form mit einem gut schließenden Deckel, die nicht viel größer ist als die Sellerieknolle. Tontöpfe oder schwere Gusseisentöpfe eignen sich besonders gut.
Backrohr auf 200 Grad vorheizen.
Den Unterteil des Selleries, dort, wo sich die Wurzeln verzweigen, abschneiden. Die Sellerieknolle unter fließendem Wasser sehr gut bürsten, damit keine Erde mehr dabei ist, aber nicht schälen. Einige Tropfen Olivenöl ins Gefäß geben, mit 1 TL Räuchersalz bestreuen. Sellerie im Ganzen mit der Schnittfläche nach unten einlegen. Mit 60 ml Weißwein begießen, dann mit Olivenöl beträufeln. 1 TL Räuchersalz auf der Knolle verteilen. Deckel schließen und die Knolle ca. 1 Stunde im Ofen backen. Sie muss ganz weich werden.

Eier pochieren:
1 l Wasser mit 40 ml Essig aufkochen. Zwei kleine Schüsseln, nicht viel größer als ein Ei, mit Klarsichtfolie belegen (die Folie sollte rundherum zumindest 10 cm über den Rand reichen). Die Folie in die Schüssel drücken und in die Vertiefung ein paar Tropfen Olivenöl und etwas Salz geben. Ei aufschlagen und in die kleine ausgelegte Schüssel gleiten lassen, mit Fleur de Sel bestreuen. Die Folie über dem Ei zusammendrücken und fest verdrehen. Das Säckchen mit einem Küchenspagat locker verschließen (es sollte etwas Wasser eindringen können). Hitze aufs Minimum reduzieren. Die Eier einlegen und vorsichtig umrühren. Im perlenden Wasser 4 Minuten blanchieren, danach die Folie aufschneiden.

Brot toasten und auf vorgewärmte Teller legen. Die Sellerieknolle in vier Segmente teilen und jeweils zwei auf eine getoastete Brotscheibe legen. Darauf ein pochiertes Ei geben.
Die (eingedickte) Flüssigkeit im Gefäß mit 20 ml Weißwein lösen und das Gericht damit beträufeln. Mit Selleriegrün oder Petersilie verzieren.

LINSENKRAUT IM BROT

2 Wachauer Laibchen (oder andere kleine runde Brote/Weckerl)
100 g Weißkraut
100 g gelbe oder rote Spaltlinsen (Mung Dal, gelbe Orient-Linsen ...)
1 mittelgroße Zwiebel (100 g)
1 Knoblauchzehe
20 ml Sesamöl oder Olivenöl
100 ml Weißwein
1 TL gemahlene Kurkuma
½ TL gemahlener Kreuzkümmel
Chilipulver
1 TL Gemüsewürze
1 TL Zucker
1 TL Salz
frisches Basilikum
eventuell 100 g Burrata

Die Kappen der Brotlaibchen abschneiden. Die Laibchen mithilfe eines kleinen Messers oder eines Löffels aushöhlen. Die Brotkrume zerzupfen und zur Seite geben.
Fein geschnittene Zwiebel in Öl kurz anbraten, dann in dünne Streifen geschnittenes Kraut dazugeben und weiterrösten, bis beides Farbe bekommt. Zucker, Kurkuma, Salz (Spaltlinsen werden trotz Salz weich, das liegt daran, dass sie keine Schale haben), Kreuzkümmel, Chilipulver und eine fein geschnittene Knoblauchzehe dazugeben. Kurz umrühren und mit Wein ablöschen. Wenn die Flüssigkeit aufkocht, 200 ml Wasser und Gemüsewürze dazugeben. Wieder aufkochen, die Linsen einstreuen, umrühren. Deckel drauf, bei wenig Hitze ab und zu umrühren, bis die Linsen weich sind. Das dauert ca. 10 Minuten. Wird die Flüssigkeit zu schnell aufgesogen, einfach etwas warmes Wasser dazugeben. Die Brotkrume unter die Masse rühren.
Backrohr auf 120 Grad vorheizen.
Das Linsenkraut in die Wachauer Laibchen füllen und 10 Minuten backen. Mit frischem Basilikum garniert servieren.

Sehr gut passt darauf Burrata, man teilt sie mit den Fingern in einige Stücke, gibt sie auf die mit Linsenkraut gefüllten Laibchen und bäckt sie mit.

CREMIGES KRAUT

400 g Weißkraut
1 große Zwiebel (150 g)
1 Knoblauchzehe
20 ml Sonnenblumenöl
40 ml Weißwein
80 ml Suppe (oder Wasser + 1 TL Gemüsewürze)
50 g Crème fraîche
1 TL Mehl
Zucker
schwarzer Pfeffer aus der Mühle
Salz

Kraut in 1 cm große Würfel schneiden. Zwiebel und Knoblauch fein schneiden.
Zwei Handvoll besonders grüne Krautwürfel zur Seite geben, eventuell blanchieren. Zwiebel in Öl hell anrösten, das Kraut dazugeben, salzen, etwas zuckern und kurz mitrösten. Den Knoblauch dazugeben, das Mehl darüberstreuen, einmal umrühren und mit Weißwein ablöschen. Umrühren, mit der Suppe ergänzen, zudecken und bei geringer Hitze 5 Minuten garen. Danach die grünen Krautwürfel dazugeben, Crème fraîche einrühren, mit Salz und Pfeffer abschmecken und servieren.

Mit 1 TL gemahlenem Kreuzkümmel und etwas Chilipulver bekommt das Kraut einen orientalischen Touch. Gebratene Würste, Lammkottelets, Fischfilets – es gibt fast nichts, das nicht auf dieses cremige Kraut passt. Es ist aber auch einfach mit gekochten Kartoffeln fein.

DIE KOHLROULADEN DER NONNA GRAZIA

Das muss ich Mira erzählen: Mit Lammfaschiertem gefüllt, gibt's diese Rouladen auch im sardischen Bergland. Nonna Grazia war über meine Frage, ob das ein „traditionelles" Gericht sei, irritiert. Keine Ahnung, hat sie gesagt, aber ihre Familie mache es immer schon so.

8 große schöne Kohlblätter
300 g Faschiertes
1 Jungzwiebel
1 Knoblauchzehe
1 Scheibe Toastbrot
20 ml Olivenöl
40 ml Weißwein
2 EL Senf nach Wahl
eventuell Chilipulver, gemahlener Kreuzkümmel und/oder Koriander
Salz

1 l Wasser mit 1 TL Salz zum Kochen bringen. Die äußersten Blätter vom Kohlkopf entfernen. Dann 8 schöne Blätter beim Strunk abschneiden und von dort her lösen. 4 Minuten im kochenden Wasser blanchieren, danach mit einer Zange oder einem Siebschöpfer herausnehmen und unters fließende kalte Wasser halten. Die 4 größten auf einem Teller abtropfen. Das Blanchierwasser aufheben.

Die restlichen 4 Kohlblätter, Jungzwiebel, Knoblauch fein schneiden und mit dem Faschierten (man verwendet die Sorte, die gerade da ist), dem in kleine Stücke zerzupften Toastbrot, Gewürzen und Senf vermischen und mit der Hand kneten. 4 dicke Würstchen formen, jedes auf ein blanchiertes Kohlblatt legen und einrollen.

Öl erhitzen, die Kohlrouladen mit dem Schluss nach unten in die Pfanne legen. Bei mittlerer Hitze 3 Minuten braten. Umdrehen, wieder 3 Minuten braten. Danach noch einmal umdrehen, sodass die schöne Seite wieder oben ist, salzen, mit Weißwein ablöschen. Wenn die Flüssigkeit aufkocht, 40 ml vom heißen Blanchierwasser dazugeben. Zudecken und 10 Minuten bei kleiner Hitze garen.

Kohlrouladen auf vorgewärmten Tellern anrichten, mit dem Natursaft übergießen. Am besten passt dazu frisches Weißbrot.

KRAUTFLECKERL

Dieser Klassiker der österreichischen Küche verdient es, nicht vergessen zu werden. Wer Tante Jolesch ist und was sie damit zu tun hat, können Menschen anderer Herkunft oder Jüngere ja im Internet recherchieren.

300 g Weißkraut
120 g Nudeln, klassisch sind die österreichischen Fleckerl-Nudeln, aber man kann genauso gut breite Nudeln oder Lasagne-blätter in Stücke brechen, Penne oder die köstlichen Fuzi aus Istrien verwenden
1 große Zwiebel (120 g)
1 Jungzwiebel
20 g Butter
20 ml Sonnenblumenöl
40 ml Weißwein
1 EL geschroteter Kümmel
schwarzer Pfeffer aus der Mühle
1 EL Zucker
Salz

Vier große grüne Krautblätter zur Seite geben. 1 l Wasser mit 2 TL Salz zustellen. Wenn es kocht, die Krautblätter 4 Minuten blanchieren, danach mit fließendem kalten Wasser abspülen.
Zwiebel in kleine Würfel schneiden und in Butter und Öl anrösten. Zucker dazugeben, ab und zu umrühren, bis die Zwiebelwürfel hellbraun sind. Das in 1 cm große Würfel geschnittene Kraut, Salz und Kümmel dazugeben und 3 Minuten rösten. Danach mit Weißwein ablöschen, zudecken und 2 Minuten dünsten.
In der Zwischenzeit Nudeln im Salzwasser al dente kochen, mit einem Siebschöpfer direkt aufs heiße Kraut geben, einige Löffel Kochwasser dazugeben, umrühren, mit Pfeffer und eventuell Salz abschmecken. In vorgewärmten Tellern auf den blanchierten Krautblättern anrichten.

Für **Schinken- oder Wurstfleckerl**
200 g Kochschinken oder Wurst blättrig schneiden und anstelle des Weißkrauts oder zur Ergänzung des Weißkrauts verwenden.

Fisolen + Bohnen + Soja

/ Es gibt wenige Nahrungsmittel, die für so viel Sprachverwirrung sorgen: Was in Österreich - an sich - als Fisolen bezeichnet wird, heißt in Deutschland grüne Bohne. Dafür nennt man im Weinviertel die weißen Bohnen Fisolen und die grünen Bohnen „Bohnscharln". Als gebürtige Steirerin liegen mir die Käferbohnen besonders am Herzen (und ab und zu auch schwer im Magen). Mit Käfern haben sie zum Glück trotzdem nichts zu tun, auch wenn Kurzsichtige sie mit großen Insekten verwechseln könnten. In anderen Weltgegenden stammt Käse nicht von der Kuh oder dem Schaf, sondern von der Sojabohne.

Und Hummus kann nicht bloß besonders fruchtbare Erde, sondern auch eine köstliche levantinische Sauce aus Sesampaste und Kichererbsen sein. Dass die nicht kichern ... aber - ich hör schon auf!

Mira lernt im Kriminalroman „Fadenkreuz" nicht nur eine kämpferische vietnamesische Textilarbeiterin namens Vui kennen, sondern auch die faszinierend vielfältige vietnamesische Küche. Hoisin-Sauce, eine dicke, beinahe schwarze Paste aus fermentierten Sojabohnen, spielt eine besondere Rolle. Mit ihr kann man vielem ganz rasch eine exotisch-würzige Note verleihen.

Die meisten Hülsenfrüchte gibt's schon gekocht in Dosen. Ist kein Sakrileg, sie hin und wieder zu verwenden, wenn die Zeit knapp ist. Jedenfalls sollte man sie in ein Sieb schütten und gründlich mit lauwarmem Wasser abspülen. Besser schmecken die selbst gekochten Hülsenfrüchte. Im Kühlschrank halten sie sehr gut, wenn man ganz wenig Essig darauf träufelt. Gekochte Kichererbsen friere ich in kleinen Behältern ein, dann kann ich sie spontan verwenden. Die meisten Hülsenfrüchte muss man zumindest 12 Stunden in viel Wasser (es sollte doppelt hoch über dem Inhalt stehen) einweichen. Danach werden sie abgespült und in frischem Wasser, das ein paar Zentimeter über dem Inhalt steht, zugestellt. Eventuell eine halbe Zwiebel oder einen Zweig Thymian oder Bohnenkraut dazugeben und zugedeckt auf kleiner Flamme gar kochen. Kein Salz dazugeben, sonst werden Hülsenfrüchte mit Schale nie weich. Das hat etwas mit Osmose zu tun. Auf Fisolen, also grüne Bohnen, trifft das nicht zu. Die kann man, wenn man sie besonders grün möchte, nach dem Kochen kurz in eiskaltem Wasser abschrecken.

HUSSAMS HUMMUS

Hussam ist ein hervorragender Koch und seit Jahren die Stütze von Manfred Buchingers Gasthaus „Zur Alten Schule“. Ab und zu kocht er noch „wie daheim“ in Syrien. Ich liebe diese Gerichte!

150 g getrocknete Kichererbsen
100 g Tahine
20 ml Zitronensaft
Olivenöl
1 TL Kreuzkümmel
1 TL Natron
Salz
Petersilie zum Garnieren

Die Kichererbsen in ein Gefäß geben und doppelt so hoch Wasser dazugeben. 10 Stunden oder mehr einweichen.
Die Kichererbsen waschen und mit Natron in einen Topf geben, Wasser zugeben, bis die Kichererbsen zwei Fingerbreit bedeckt sind. Aufkochen und austretenden Schaum abschöpfen. Bei kleiner Hitze ca. 1 Stunde köcheln lassen. Die Kichererbsen sollen so weich sein, dass sie sich mit den Fingern zerdrücken lassen. Das Kochwasser abgießen und aufheben.
Die Kichererbsen 10 Minuten ausdampfen lassen, danach mit Tahine, Zitronensaft, Kreuzkümmel und ca. 200 ml Kochwasser zu einer cremigen Masse stabmixen. Eventuell etwas mehr Kochwasser dazugeben.
Hummus auf einen Teller streichen, mit Olivenöl beträufeln und mit geschnittener Petersilie garnieren.

Hummus ist auch Teil einer typisch levantinischen (Vorspeisen-)Platte. Meze, Mezze, Mazza: Egal ob in der Türkei, in Zypern, Israel, Syrien oder dem Libanon – ähnlicher Name, ähnliche Vielfalt und fein nuancierte Unterschiede …

BOHNENAUFSTRICH

Im Krimi „Gut, aber tot" geht es um eine wirklich mörderische Frage: vegan oder nicht vegan? Miras Winzer-Freundin aus dem Weinviertel beweist, dass ein total „untierischer" Bohnenaufstrich – natürlich mit etwas Wein – köstlich sein kann.

200 g getrocknete Wachtelbohnen
2 mittelgroße Zwiebeln (200 g)
4 Knoblauchzehen
80 ml Sonnenblumenöl
250 ml Veltliner
frische Kräuter wie Bohnenkraut, Thymian, Estragon
schwarzer Pfeffer aus der Mühle
Salz
eventuell Sojasauce, geröstetes Sesamöl, gemahlene Kurkuma, Chili

Bohnen 12 Stunden einweichen. Danach in frischem Wasser ganz weich kochen (ohne Salz!). Abseihen. Grob geschnittene Zwiebeln und Knoblauch in 40 ml Sonnenblumenöl anrösten. Mit Veltliner aufgießen und kochen, bis die Zwiebeln ganz weich sind. Mit den heißen gekochten Bohnen mischen, alles aufkochen, 40 ml Öl, Kräuter und Pfeffer dazugeben und stabmixen.
Eine exotischere Variante entsteht durch zusätzlich Sojasauce, geröstetes Sesamöl, Kurkuma und Chili.
Es gilt dasselbe wie für das Hummus-Rezept: Weniger zuzubereiten lohnt sich nicht. Aber in kleinen Behältern hält der Aufstrich ein, zwei Wochen.

Besonders fein ist dieser Aufstrich auf frischem Weißbrot. Wer kleine Weißbrotstücke toastet und dick mit der Bohnenpaste bestreicht, hat wunderbare Crostini. Mehr dazu bei den Rezepten Seite 87 f.

HOISIN-JOGHURT-SAUCE

80 g Joghurt mit 10 % Fett
40 ml Hoisin-Sauce
1 Knoblauchzehe
20 g Ingwer
Chilipulver
Salz

Knoblauch und Ingwer fein schneiden, alle Zutaten verrühren – und fertig. Passt wunderbar zu Sommerrollen (Rezept S. 110), aber auch zu kaltem Fisch oder Huhn – so kann man auch Reste vom Vortag zu einer neuen exotischen Vorspeise veredeln.
Wer die klassischere **vietnamesische Hoisin-Sauce** bevorzugt, lässt das Joghurt weg und ersetzt es durch 20 ml milden Essig.

PIKANTE ERBSENSCHOTEN UND FILET

200 g junge Erbsenschoten
200 g Rindsfilet (oder Filet von Huhn, Kaninchen, Lamm)
1 Jungzwiebel
20 ml hitzebeständiges Öl
20 ml Olivenöl
4 EL süß-scharfe Chilisauce
4 Zweige Thymian
eventuell Chiliflocken
Salz, Fleur de Sel

1 l Wasser zum Kochen bringen, salzen. Filets in Streifen schneiden, die ca. 1 cm dick und gleich groß sind wie die Erbsenschoten. In einem Wok oder einer beschichteten Pfanne hitzebeständiges Öl erhitzen. Die Erbsenschoten ins kochende Salzwasser legen, bis es wieder aufwallt, dann mit einem Siebschöpfer in die Pfanne geben. Filetstreifen, in Ringe geschnittene Jungzwiebel, 2 Zweige Thymian und Chilisauce dazugeben, einige Minuten bei voller Hitze rösten. Die Sauce sollte leicht karamellisieren und ein paar dunklere Punkte bekommen. Mit Olivenöl und Salzflocken würzen.
Auf vorgewärmten Tellern anrichten, mit je einem Thymianzweig dekorieren. Eventuell mit ein paar Tropfen Chilisauce umkränzen.

GEFÜLLTER TOFU

Ausnahmsweise ein Tofu-Rezept, das nicht vegetarisch ist. Vielleich etwas zum Überzeugen „eingefleischter" Mitmenschen.

100 g Räuchertofu im Ganzen
200 g fein oder doppelt faschiertes Fleisch
2 Jungzwiebeln
20 ml Sesamöl oder Olivenöl
1 TL Senf
gemahlener Koriander
Chilipulver
Salz

Den Tofu so schneiden, dass man 8 gleich große Stücke von ca. ½ cm Dicke erhält.
Eine Jungzwiebel zuerst halbieren, dann der Länge nach durchschneiden.
Das Faschierte mit einer fein geschnittenen Jungzwiebel und den Gewürzen gut durchkneten. Die Masse vierteln und zwischen jeweils 2 Tofu-Scheiben geben, sodass Tofu-„Sandwiches" entstehen. Öl erhitzen, den gefüllten Tofu auf beiden Seiten bei kleiner Hitze braten, bis er Farbe bekommt. Nach dem Wenden des Tofus die vier Jungzwiebelstücke dazugeben und mitbraten.
Auch dazu passt die Hoisin-Joghurt-Sauce oder die klassische Hoisin-Sauce (Rezept S. 70) ausgezeichnet.

BOHNEN MIT SAIBLINGSKAVIAR UND BROTCHIPS

100 g weiße oder braune getrocknete Bohnen
50 g Saiblingskaviar
1 große Zwiebel (150 g)
2 Knoblauchzehen
10 g Butter
60 ml Olivenöl
80 ml Weißwein
2 Thymianzweige
1 Lorbeerblatt
1 EL salzfreie Gemüsewürze
Chilipulver
Salz

BROTCHIPS:
schnittfestes Brot
etwas Olivenöl

Für die Brotchips:
Brot mit der Schneidemaschine in ganz dünne Scheiben schneiden – das geht am besten, wenn es schon zwei, drei Tage alt ist.
Grill aufheizen. Ein Blech mit einigen Tropfen Olivenöl beträufeln. Brot darauf legen und mit zumindest 15 cm Abstand vom Grill (sonst werden die Ränder schwarz, bevor das Brot getrocknet ist) knusprig trocknen.

Bohnen 12 Stunden einweichen. Zwiebel in Würfel schneiden. In einem Topf Butter und 40 ml Öl erhitzen, die Zwiebel gemeinsam mit dem Thymian glacieren, ohne dass sie Farbe bekommt. Fein geschnittene Knoblauchzehen dazugeben, einmal umrühren und mit dem Weißwein ablöschen. Bohnen ungekocht dazugeben, mit Wasser bedecken, es sollte fingerbreit über den Bohnen stehen. Lorbeerblatt und Gemüsewürze dazu, zudecken und bei ganz kleiner Hitze, natürlich ohne Salz, kochen. Wenn die Bohnen weich sind, sollte gerade noch etwas Flüssigkeit im Topf sein – wenn nicht, mit ein wenig warmer Suppe oder Wasser aufgießen und warten, bis alles wieder aufkocht. Die weichen Bohnen salzen, Chilipulver und 20 ml Olivenöl dazugeben. Nur ganz kurz stabmixen, es sollte noch etwas von der Konsistenz der Bohnen zu merken sein. In tiefen, vorgewärmten Tellern anrichten. Brotchips in die Bohnencreme stecken und darauf Saiblingskaviar geben.

SARDISCHER KICHERERBSEN-TOPF

In der Ogliastra, einer Hochebene in Sardinien, werden erstaunlich viele Menschen über hundert Jahre alt. Weltweit gibt es bloß vier Regionen, wo dieses Phänomen auftritt. Sardisches Flair, Geschäftemacherei mit sogenannter Alternativmedizin, unsere Sehnsucht, glücklich uralt zu werden – das sind übrigens auch die spannenden Zutaten für Mira Valenskys 21. Fall. Tatsache ist jedenfalls, dass die Hundertjährigen von Sardinien Fleisch eher als Beilage oder an Festtagen essen. Dafür gibt's viel saisonales Gemüse und Hülsenfrüchte. Und dazu das ein oder andere Schlückchen von ihrem würzigen Rotwein, dem Cannonau.

140 g getrocknete Kichererbsen
50 g fetter Speck
1 mittlere Zwiebel (100 g)
1 Karotte (50 g)
1 Stück Stangensellerie (50 g)
2 Knoblauchzehen
300 g Tomaten (frisch oder Konserve)
20 ml Olivenöl
80 ml Cannonau (oder ein anderer Rotwein)
1 Lorbeerblatt
½ Bund Petersilie
eventuell Chiliflocken
schwarzer Pfeffer aus der Mühle
Salz

Kichererbsen 12 Stunden einweichen. Das Wasser sollte doppelt so hoch wie die Kichererbsen sein. Die Kichererbsen abspülen, in einen Topf geben und mit Wasser auffüllen, bis es 2 Fingerbreit über den Kichererbsen steht. Bei mittlerer Hitze ohne Salz kochen, bis sie weich werden, aber noch ein wenig Biss haben. Salz dazugeben und Hitze abdrehen.
Zwiebel, Karotte, Sellerie und Speck fein schneiden. Alles mit dem Olivenöl in einer tiefen Pfanne oder einem Topf kurz anrösten. Dann die fein geschnittenen Knoblauchzehen dazugeben, einmal umrühren und mit Rotwein ablöschen. Die Tomaten in Würfel schneiden und dazugeben, mit dem Lorbeerblatt, Salz und eventuell Chili würzen, 5 Minuten bei geringer Hitze kochen. Dann die Kichererbsen mit 80 ml Kochwasser dazugeben. Umrühren und zugedeckt 5 Minuten weiterköcheln. Mit frischem Pfeffer und geschnittener Petersilie würzen, eventuell nachsalzen.

In Sardinien werden diese „Ceci in Umido" am liebsten mit dicken gerösteten Weißbrotscheiben (so wird auch älteres Weißbrot wieder fein, etwas Olivenöl und Knoblauch verleihen ihm besonderen Geschmack) gegessen. Diese Kichererbsen schmecken übrigens auch kalt sehr gut und ergänzen gemischte Vorspeisen.

Pilze + Trüffeln

/ Trüffeln: Ihr Geschmack, eigentlich ihre Geschmäcker, sind einzigartig. Zwischen dem wuchtigen Bouquet einer weißen Trüffel, dem eher zurückhaltend-eleganten einer frischen schwarzen Sommertrüffel und dem nussig-erdigen Ton der Périgord-Trüffel liegen Welten. Im Périgord hat übrigens ein sehr lieber Kollege von mir seine zweite Heimat gefunden: Martin Walker. Seine Krimis erzählen nicht nur viel über die Gegend, sondern haben auch verführerische kulinarische Facetten. Mira hingegen bewundert im Krimi „Russen kommen" in einem Nobelrestaurant in Moskau die Vielfalt an Trüffelgerichten – man findet sie eben überall auf der Welt, wo Luxus zu Hause ist.

Weil dieser unterirdisch wachsende Edelpilz teuer ist (wobei auch da Welten zwischen der Sommertrüffel und einer weißen Alba-Trüffel liegen), gibt es natürlich jede Menge Fälschungen und Ersatzprodukte. So enthält Trüffelöl in den seltensten Fällen Trüffeln, fast immer handelt es sich um einen chemisch erzeugten Geruch und Geschmack. Chinatrüffeln sind ziemlich preiswert, sie schmecken eigentlich sehr neutral, haben aber eine praktische Eigenschaft: Sie können das Aroma umliegender Dinge aufnehmen. Also werden unter hochwertige schwarze Trüffeln bisweilen Chinatrüffeln gemengt.

Es gibt allerdings auch sehr gute und erschwingliche Trüffelprodukte. Egal ob aus Italien, Istrien oder Frankreich: Trüffelpasten im Glas werden oft mit Steinpilzen oder Champignons gestreckt, aber es sind auch echte Trüffeln drin und das Aroma passt.

Ich habe viel über Trüffeln lernen dürfen, weil in Manfred Buchingers Gasthaus „Zur Alten Schule" quasi ein Zentrum der Trüffelküche rund um Wien ist. Manfred hat zwei entzückende Trüffelhunde und die finden in den Wäldern nördlich von Wien hochwertige schwarze Trüffelarten. Im 19. Jahrhundert hat man aus dieser Gegend sogar Trüffeln nach Frankreich exportiert.

Wichtig bei Trüffeln aller Art: Weniger ist mehr. Etwas frisch geriebene Trüffel über Eier, Nudeln, Kartoffeln bringt vollen Genuss. Natürlich füllen auch Rezepte für herkömmliche Pilze – in Österreich oft in Bausch und Bogen „Schwammerl" genannt – ganze Kochbücher. Und auch da gilt: Um den Eigengeschmack genießen zu können, sind ihre Frische und einfache Zubereitungsarten am allerbesten.

TRÜFFELCREME

30 ml Trüffelpaste
50 ml Crème fraîche
50 ml Frischkäse
eventuell Salz

Einfacher geht's nicht: Crème fraîche und Frischkäse mit einer guten Trüffelpaste (dafür wird natives Öl verwendet, es wird in kaltem Zustand fest) verrühren, eventuell salzen.

Für ganz besondere Crostini (Rezepte S. 87 f.) die Creme dick auf getoastete kleine Weißbrotscheiben streichen. Diese Trüffelcreme ist aber auch wunderbar, wenn man damit beim Anrichten gebratene Hühnerbrüste oder Filets veredelt.

TRÜFFEL-EIERSPEISE

5 Eier
2 EL Trüffelpaste
10 g Butter
Salz
etwas Petersilie
eventuell frische Trüffeln

Die Butter in einer Pfanne zergehen lassen. Die Eier aufschlagen, Trüffelpaste dazugeben, salzen. Durchrühren und in die warme Pfanne leeren. Bei mittlerer Hitze mit einem Holzlöffel rühren, bis die Eier zu stocken beginnen. Dann die Hitze auf null und weiterrühren, bis alles locker gestockt ist. Auf vorgewärmte Pfännchen oder Teller verteilen, mit etwas geschnittener Petersilie bestreuen. Wer hat, frische Trüffeln darüber reiben.

PILZTASCHERL

Mit Pilzen gefüllte Teigtaschen gibt es von Polen über Finnland und Sibirien bis Vietnam – diese Variante ist besonders einfach. Und sie schmeckt.

100 g Champignons oder andere Pilze
100 g Blätterteig
1 Jungzwiebel
1 Ei
1 EL Brösel
1 EL Crème fraîche
20 g Butter
schwarzer Pfeffer aus der Mühle
Salz
Kräuter und Salatblätter
eventuell 40 ml Trüffelpaste

Backrohr auf 220 Grad vorheizen.
Jungzwiebel in feine Ringe schneiden, in Butter anschwitzen. Blättrig geschnittene Champignons dazugeben und braten, bis das überschüssige Wasser weg ist. Etwas abkühlen lassen. Ei versprudeln, 1 EL davon zur Seite geben. Den Rest mit den Champignons, Crème fraîche, Brösel, Pfeffer und Salz mischen. Den Blätterteig ganz kalt in ca. 10 cm große Quadrate schneiden (am besten geht das mit einem Teigrad). In die Mitte je ein Häufchen von der Pilzmasse legen. Die Ränder mit verschlagenem Ei einpinseln. Dann zu einem Dreieck zusammenlegen und den Rand festdrücken.
Ein Blech mit Backtrennpapier belegen, die Pilztascherl darauf setzen. Mit dem restlichen Ei bepinseln. Backen, bis sie goldgelb sind. Das dauert ca. 20 Minuten. Auf einem Beet von Kräutern und/oder Salatblättern anrichten.

Wer etwas Trüffelpaste zur Masse gibt, kann die knusprigen Teile **Trüffel-Tascherl** nennen.

GEBRATENE KRÄUTERSEITLINGE AUF TOAST

200 g Kräuterseitlinge oder andere feste Pilze
2 Toastbrotscheiben
1 Jungzwiebel
10 g Butter
20 ml Olivenöl
2 Stängel Petersilie
geschroteter oder gemahlener Kümmel
schwarzer Pfeffer aus der Mühle
Fleur de Sel

In einer beschichteten Pfanne Butter und Öl erhitzen. Kräuterseitlinge in 1 cm dicke Scheiben, Jungzwiebel in Ringe schneiden. Beides in die Pfanne geben, mit Kümmel und Pfeffer würzen und die Pilze auf beiden Seiten braten. Zum Schluss viel geschnittene Petersilie dazugeben und noch einmal schwenken.
Brot toasten und auf Teller legen. Darauf die Pilze schichten. Mit Salzflocken bestreuen.

Anstelle von Brot lässt sich dieses Gericht auch mit Pasta zubereiten und wird so zu:

PASTA MIT GEBRATENEN PILZEN

200 g Linguine
geriebener Pecorino oder Parmesan

oder eine der kürzeren robusten Pastasorten wie Farfalle, Mezze Maniche oder sardische Malloreddus in 2 l Wasser mit 2 EL Salz al dente kochen, während die Pilze braten. Gegen Ende etwas vom Nudelwasser zu den gebratenen Pilzen geben, die Nudeln unter die Pilze mischen und durchrühren. Mit geriebenem Pecorino oder Parmesan servieren.

GEBACKENE STEINPILZE

350 g feste kleine Steinpilze
1 Ei
4 EL griffiges Mehl
8 EL Semmelbrösel
hoch erhitzbares Öl zum Backen
Salz
½ Zitrone

PIKANTE SAUCE:
100 g Joghurt mit 10% Fett
1 EL pikanter Senf
1 EL Essiggurke, fein geschnitten
1 TL Sardellenpaste
1 TL kleine Kapern
Salz

Steinpilze mit einem kleinen Messer ganz sauber putzen. Wenn man sie mit der Kappe nach oben hält, kann beim Putzen keine Erde in die Lamellen kommen. Steinpilze der Länge nach in ca. 1 cm dicke Scheiben schneiden.
Drei tiefe Teller nebeneinanderstellen. In den ersten das Mehl, in den zweiten das versprudelte Ei, in den dritten die Brösel geben.
Steinpilze zuerst in Mehl, dann in Ei, dann in die Brösel tauchen. Sie sollten rundherum mit Bröseln bedeckt sein. Nur leicht andrücken.
In einer großen tiefen Pfanne 2 cm hoch Öl erhitzen. Wenn man einen Tropfen Wasser hineinspritzt und es zischt, dann ist es heiß genug. Die panierten Pilze nebeneinander ins heiße Fett legen und auf beiden Seiten goldgelb backen. Mit einem Bratenwender auf ein Stück Küchenrolle legen, Fett abtupfen. Salzen. Die Steinpilze auf vorgewärmten Tellern mit Spitzenpapier anrichten, mit einem Zitronenviertel garnieren.
Braucht man mehrere Durchgänge, die Pilze auf einem Gitterblech im Backrohr bei 70 Grad warm halten.

Natürlich kann man auf diese klassisch österreichische Art auch anderes Gemüse – zum Beispiel Champignons (die man je nach Größe halbiert oder im Ganzen paniert) – oder Fleisch, wie das berühmte Wiener Schnitzel (Rezept S. 200), zubereiten.

Für die **pikante Sauce** alle Zutaten verrühren, fertig. Übrigens: Nimmt man den Stabmixer, wird die Sauce deutlich dünner.

SCHWAMMERLGULASCH

300 g Pilze oder Eierschwammerl (in Deutschland Pfifferlinge genannt)
1 mittelgroße Zwiebel (ca. 100 g)
1 Knoblauchzehe
20 g Butter (oder Sonnenblumenöl)
60 ml Crème fraîche
40 ml Wermut (oder kräftiger Weißwein)
100 ml Suppe (oder Wasser)
2 Zweige Majoran
2 TL Paprikapulver, scharf oder mild
1 TL gemahlener Kümmel
1 TL Mehl
2 Zweige Petersilie
Salz

Die Eierschwammerl mit einem kleinen Messer von jeglicher Erde befreien. Wenn geht, nicht waschen, dadurch verlieren sie an Aroma. Große Schwammerl mit den Händen in zwei, drei Stücke reißen, kleine ganz lassen. Wenn andere Pilze (wie Kräuterseitlinge, Champignons etc.) verwendet werden, von Erde befreien und in Scheiben schneiden. Butter in einer tiefen Pfanne oder Sauteuse erhitzen. Fein geschnittene Zwiebel anschwitzen, ohne dass sie Farbe bekommt. Pilze und Majoran dazugeben, anbraten, bis sich die ausgetretene Flüssigkeit reduziert hat. Fein geschnittenen Knoblauch, Paprikapulver, Kümmel und Mehl dazu, einmal umrühren und mit Wermut ablöschen. Mit Suppe oder Wasser ergänzen (sind die Schwammerl wässrig, weniger, sind sie sehr trocken, etwas mehr nehmen). Salzen und 5 Minuten kochen. Danach geschnittene Petersilie und Crème fraîche einrühren.

Wenn man das Paprikapulver weglässt, erhält man eine **helle Eierschwammerlsauce**.

Dieses einfache Schwammerlgulasch schmeckt sehr gut mit frischem Schwarzbrot, aber natürlich auch mit Knödeln (Rezept S. 92) oder **Petersilkartoffeln**. Dafür geschälte Kartoffeln wie im Rezept S. 101 kochen, in einer Pfanne 30 g Butter schmelzen, mit viel geschnittener Petersilie und etwas vom Kartoffelkochwasser vermischen, die Kartoffeln darin schwenken.

Brot

/ Brot zu backen ist nicht erst während der Corona-Zeit trendig geworden. Wer ein schönes Brot zustande bringt, beweist, dass er sozusagen „mehr“ kann. Kein Wunder, dass auch kompetitive Männer auf diese neue Küchendisziplin abfahren.

Natürlich ist es fein, wenn aus Mehl, Wasser und munteren Bakterien ein lockeres duftendes Gebilde entsteht. Seit Jahren versuche ich mich daran immer wieder. Das eine oder andere ist geglückt. Vieles war, ehrlich betrachtet, ein netter Versuch und weit unter dem, was unser Bäcker tagtäglich schafft.

Inzwischen glaube ich zu wissen, was beim Brotbacken zu Hause essenziell ist: Geduld und Glück und beides davon in einem ständig wechselnden Verhältnis zueinander. In unserem alten Backrohr in Sardinien gelingen mir Brote manchmal erstaunlich gut. Warum? Richtige Temperatur, Luftfeuchtigkeit, oder doch der Stand der Gezeiten? Mag mein Brot einfach die Nähe zum Meer?

Mira hat bislang die Finger vom Brotbacken gelassen, aber das könnte sich ändern. Immerhin hat sie etwas für Abenteuer aller Art übrig. Ein paar Tipps kann ich ihr inzwischen immerhin geben: Keinesfalls die Umluftfunktion verwenden, das Brot braucht zum Aufgehen ruhige Hitze von unten und etwas später zusätzlich von oben. Es hilft, wenn man ins Backrohr ein Gefäß mit heißem Wasser stellt. Ganz wichtig: dem Teig die Zeit geben, die er braucht. Wie viel das ist, entscheidet er (leider) selbst. Wenn er schnell aufgeht und sein Volumen schon verdoppelt hat, dann muss man ihn weiterverarbeiten, ganz egal, was im Rezept über die berühmte langsame Teigführung steht. Will er sich nicht und nicht heben, dann sollte man warten, irgendwann tut er es. Und: den Teig zwischen dem ersten und dem zweiten Aufgehen nie wild kneten, sondern ihn auf eine bemehlte Unterlage gleiten lassen und vorsichtig von allen vier Rändern her zusammenschlagen, dann umdrehen. Dass man Teig mit einem feuchten Tuch abdeckt, kommt aus den immer warmen Backstuben. In durchschnittlichen Räumen aber entsteht Verdunstungskälte und die hindert den Teig am Gehen. Daher lieber Schüsseln, Wachstuch, Klarsichtfolie oder dünne Schneidbretter zum Abdecken nehmen. Fast alle Brote brauchen zu Beginn viel Hitze. Also am besten mal schauen, was der Backofen hergibt. 275 Grad sind schon ganz gut. Danach senke ich die Temperatur schrittweise ab. So ähnlich geht es dem Brot auch in traditionellen Holz-Backöfen.

Brot steht bei uns übrigens bei jedem Essen auf dem Tisch, da halte ich es mit der italienischen und französischen Tradition. Ich finde es übrigens absurd, dass gerade in „noblen“ Lokalen das Brot schon nach der

Vorspeise abserviert wird. Vielleicht will ich ja zwischendurch einen Bissen Brot oder gar damit in eine Sauce tunken.

Mira verwendet Brot auch gerne als Untergrund für Gerichte – wer unsere Rezepte bis hierher gelesen hat, wird es schon gemerkt haben. Getoastetes Weißbrot nimmt den Saft frisch gebratener Gemüse, Pilze, aber auch zum Beispiel von Leber auf. Und auf einen Sockel gestellt, gewinnen bekanntlich auch simple Dinge plötzlich an Bedeutung.

Eines meiner Lieblingsbrote hat freilich schon von sich aus eine knusprige Konsistenz: Pane Carasau, hauchdünnes traditionelles sardisches Brot. Nein, ich habe noch nicht versucht, es selbst zu machen. Wer wissen will, warum, kann die Prozedur im Internet recherchieren. Die Brotfladen gibt's inzwischen auch außerhalb von Sardinien zu kaufen oder zu bestellen. Gute halten mindestens ein Jahr. Und wer sie duftender machen will, gibt sie für eine Minute unter den heißen Grill oder in eine Pfanne ohne Fett und streut danach ein paar Salzflocken drüber. Pane Carasau ist erstaunlich vielfältig: Als Unterlage für Salate oder Kurzgebratenes ist es auch eine optische Bereicherung. In Suppe getaucht und abwechselnd mit allen möglichen Zutaten geschichtet, entstehen schnell köstliche Aufläufe. Und ich habe gelernt, dass man Pane Carasau sogar füllen kann.

Auch wenn es einmal etwas älter geworden ist, muss man Brot nicht wegwerfen. Man kann es, wie im Rezept auf S. 73, dünn mit der Schneidemaschine geschnitten, zu Brotchips toasten. Es bindet Suppen und Saucen. Es sorgt dafür, dass Faschiertes lockerer wird und zusammenhält, man nimmt es für knusprige Croutons oder als Hülle, wie in meinem Rezept für das Linsenkraut (S. 62). Für Crostini muss das Brot nicht ganz frisch sein, Hauptsache, das, was draufkommt, ist es. Mira und ich, wir lieben diese knusprigen kreativ belegten Brotstücke. Und sie geben uns die Chance, in ein paar Minuten etwas Ansehnliches auf den Tisch zu stellen.

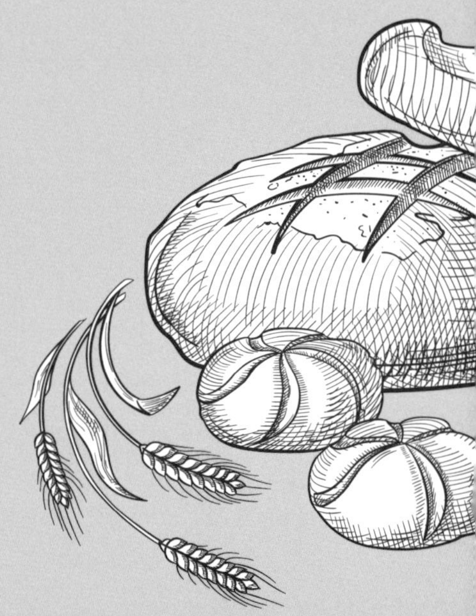

VELTLINER-BROT-SUPPE

Diese Suppe kommt gleich in mehreren Krimis vor, sie verbindet Miras Liebe zu gutem Wein und gutem Essen. Und sie fehlt in keinem Kochbuch, an dem ich mitgearbeitet habe. Gemeinsam mit Manfred Buchinger von der „Alten Schule" sind bereits einige Varianten entstanden. Die hier mag ich besonders – nicht nur, weil sie so einfach ist. Aus der angegebenen Menge entstehen zwei große oder vier kleine Portionen.

200 ml Veltliner (oder anderer trockener Weißwein)
400 ml Gemüsesuppe (oder Hühnersuppe)
200 g helles Brot oder Weißbrot, es kann auch etwas älter sein
1 große Zwiebel (150 g)
2 Knoblauchzehen
20 g Butter
20 ml Sonnenblumenöl
2 EL Crème fraîche
frisch geriebene Muskatnuss
schwarzer Pfeffer aus der Mühle
Salz
frische Kräuter wie Petersilie, Estragon, Majoran
eventuell Schinkenblätter

Zwiebel fein schneiden, in Butter und Öl anschwitzen, ohne dass sie Farbe bekommt. Knoblauchzehen halbieren, gemeinsam mit dem in dünne Scheiben geschnittenen Brot kurz mitrösten. Mit Weißwein ablöschen. Mit Suppe (oder Wasser + 1 EL Gemüsewürze), Pfeffer aus der Mühle und Salz abschmecken. Eine Viertelstunde bei kleiner Hitze kochen. Die Hälfte der Crème fraîche dazugeben und stabmixen. In vorgewärmten Suppentellern anrichten, einen Klacks Crème fraîche in die Mitte setzen, Muskatnuss darüber reiben, mit frisch gehackten Kräutern bestreuen.

Fein schmeckt es auch – und es sieht gut aus –, wenn man die Ränder der Suppenteller mit dünn geschnittenem Schinken belegt.

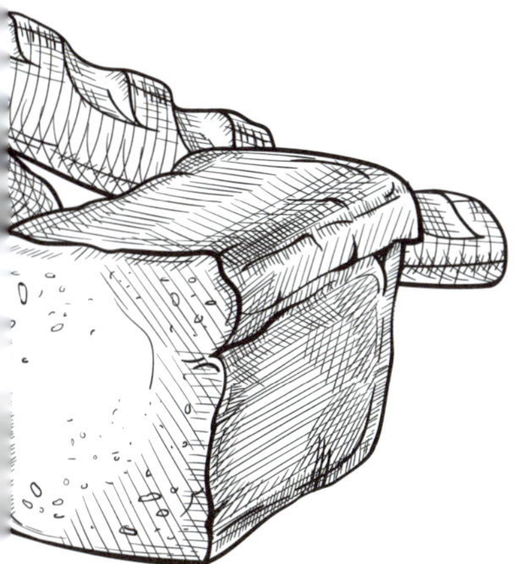

SKORDALIA

Diese pikante Sauce darf bei keiner levantinischen Vorspeisenplatte fehlen. Gemeinsam mit Oliven, frischen Tomaten und Brot ist sie aber auch eine wunderbare kleine Mahlzeit für sich.

2 dicke Scheiben Weißbrot (100 g)
4 Knoblauchzehen
10 ml Weinessig
20 ml Olivenöl
1 TL Salz
½ Bund Petersilie

Brot in Wasser einweichen und ausdrücken. Knoblauchzehen, Brot, Salz und Weinessig mit dem Stabmixer oder einem Cutter zu einer Paste verarbeiten. Danach das Olivenöl langsam dazugeben und stabmixen, bis eine dicke Creme entsteht. Mit geschnittener Petersilie bestreuen.

MIRAS CROSTINI-VARIATIONEN

Seit wir in einem kleinen Lokal in der Toskana Crostini gegessen haben, die nicht überbacken waren, und wir aus Sardinien sowohl Bruschette kennen, die getoastet waren, als auch solche, deren Belag kalt war, habe ich es aufgegeben. Egal, wie das ursprünglich war, inzwischen werden in Italien beide Begriffe synonym verwendet. Und es ist ja auch egal, Hauptsache, die knusprigen und kreativ belegten Brote schmecken.

Man verwendet dafür Baguette oder anderes lockeres Weißbrot. Es wird in nicht zu dünne Scheiben geschnitten und möglichst kurz vor dem Servieren knusprig gemacht: Das geht im Toaster, unter dem Grill oder auch in einer Pfanne. Hauptsache, die Hitze ist stark. Was beim Knuspern hilft: einige Tropfen Olivenöl, einige Salzflocken.

Für die schnellsten Crostini sorgen Gläser mit Olivenpaste, Trüffelpaste, Artischockenpaste, Pesto und, und, und – nach Geschmack eben. Verrührt mit etwas Crème fraîche oder eingedickt mit etwas geriebenem Pecorino oder vermischt mit einer zerdrückten Kartoffel, wird die Paste einfach großzügig auf die Knusperbrote gehäuft. So wie auch im Rezept für **Trüffelcreme** (S. 76).

Andere brauchen etwas Vorbereitung, wie der **Bohnenaufstrich** (Rezept S. 70).

Ganz klassisch sind

CROSTINI MIT FRISCHEN TOMATEN

200 g Fleischtomaten oder Datterini
1 kleine Jungzwiebel
1 EL geriebener Pecorino (oder anderer Hartkäse)
20 ml Olivenöl
Salz
Basilikumblätter

Fleischtomaten halbieren, das Flüssige und die Kerne mit einem Löffel entfernen. Datterini brauchen keine Vorbereitung. Tomaten in kleine Würfel schneiden und mit in feine Ringe geschnittener Jungzwiebel, Pecorino, Olivenöl und Salz mischen. 10 Minuten ziehen lassen, danach auf frisch getoastete Crostini häufen und mit Basilikumblättern verzieren.

CROSTINI MIT ARTISCHOCKEN

200 g in Öl eingelegte Artischocken
200 g gekochte geschälte mehlige Kartoffeln
Salz

Kartoffeln mit der Kartoffelpresse oder einer Gabel zerdrücken. Fein geschnittene Artischocken samt etwas Öl daruntermischen, salzen. Auf frisch getoastete Crostini häufen. Mit einem Stück Artischocke verzieren.

Wie diese Crostini mit **frischer Artischockencreme** zubereitet werden, steht im Rezept auf Seite 46.

CROSTINI MIT PEPERONI UND LARDO

200 g eingelegte Peperoni oder ein Glas mit Peperonicreme
8 Scheiben Lardo
30 g geriebener Pecorino
2 EL Crème fraîche

Peperoni ganz fein schneiden (oder Peperonicreme verwenden). Mit Crème fraîche und Pecorino mischen. Auf frisch getoastete Crostini häufen. Auf jedes Brot eine Scheibe Lardo legen. Er lässt sich am einfachsten schneiden, wenn er ganz kalt ist.

CROSTINI MIT KARTOFFELN, KAPERN UND SARDELLEN

300 g gekochte geschälte mehlige Kartoffeln
2 EL kleine eingelegte Kapern
8 in Öl eingelegte Sardellenfilets
2 EL Crème fraîche
schwarzer Pfeffer aus der Mühle
Salz

Kartoffeln mit der Kartoffelpresse oder einer Gabel zerdrücken. Mit Crème fraîche, Kapern, Pfeffer und Salz vermischen. Auf frisch getoastete Crostini häufen. Auf jedes Stück ein Sardellenfilet legen.

FLADENBROT MIT ZIEGENKÄSE UND RUCOLA

1 großer, dünner Brotfladen (80 g)
100 g junger Ziegenkäse
2 Handvoll Rucola (20 g)
Olivenöl
Chiliflocken oder schwarzer Pfeffer aus der Mühle
Fleur de Sel

Grill vorheizen.
Brotfladen halbieren. Backblech mit ganz wenig Olivenöl beträufeln, das Brot auf einer Seite knusprig rösten. Umdrehen und in Stücke geschnittenen Ziegenkäse darauf verteilen. Mit Chiliflocken oder schwarzem Pfeffer würzen. Noch einmal ein, zwei Minuten unter den Grill geben. Fladen mit angeschmolzenem Ziegenkäse auf warme Teller legen, frischen Rucola darüber geben, mit Salzflocken bestreuen und mit Olivenöl beträufeln.

GEFÜLLTES PANE CARASAU

6 Stück Pane Carasau, ca. 12 cm Durchmesser
100 g geräucherter oder eingelegter Fisch, Bratenreste, kaltes Huhn
20 g geriebener Pecorino
80 ml Crème fraîche
2 Stängel Petersilie
Olivenöl
Salz, Fleur de Sel
einige Salat- oder junge Spinatblätter
Balsamessig

Backrohr auf 220 Grad vorheizen.
Pane-Carasau-Stücke kurz unter das fließende Wasser halten, dann nass nebeneinander auf ein Brett legen. Bratenreste oder Fisch in kleine Stücke schneiden, mit Crème fraîche, Pecorino, geschnittener Petersilie und Salz mischen. Auf jedes Stück Pane Carasau in die Mitte ein Häufchen Fülle legen. Das inzwischen weiche Brot zu einem Päckchen falten. Eine Ofenform oder ein Blech mit etwas Olivenöl beträufeln, die Päckchen eng nebeneinander setzen. Sie müssen nicht ganz geschlossen sein. Ein paar Tropfen Olivenöl, ein paar Salzflocken darüber geben. ca. 3 Minuten backen, bis das Pane Carasau Farbe bekommt. Kein Problem, wenn die Päckchen dabei etwas aufklaffen – die knusprigen Enden machen den Reiz dieses Rezepts aus. Teller mit etwas Salat oder Spinat belegen, mit einigen Salzflocken, etwas Olivenöl und Balsamessig würzen. Die knusprigen Päckchen darauf setzen.

BROT-LASAGNE

Mira und ich lieben Sardinien und seine so besondere Küche. Dieses Rezept ist an das traditionelle Pane Frattau angelehnt. Da seine Zubereitung auf der Insel nahezu heilig ist, habe ich mein Rezept demütig (und in unseren Breiten verständlicher) Brot-Lasagne genannt. Das Grundprinzip: In Suppe getauchtes Pane Carasau, Tomatensauce und geriebener Pecorino wechseln einander ab. Darauf kommt traditionell ein pochiertes Ei.

4 Blätter Pane Carasau (ungefähr so groß wie die runde Auflaufform, man kann auch „stückeln")
250 ml klare Suppe – traditionell ist Lammsuppe, aber man kann jede verwenden
Tomatensauce von 500 g Tomaten (Rezept S. 32)
50 g geriebener Pecorino Sardo
eventuell 2 pochierte Eier (S. 61)

Backrohr auf 160 Grad vorheizen.
Suppe in einer Pfanne oder einem flachen Topf mit großer Oberfläche wärmen. Einige Tropfen Olivenöl auf den Boden einer runden Auflaufform geben, eine Scheibe Pane Carasau (oder so viele Stücke, dass der Boden der Auflaufform ausgefüllt ist) in die Suppe tauchen, dann in die Form legen. Darauf ein Viertel der Tomatensauce verteilen, mit einem Viertel vom Pecorino bestreuen. Mit einem Blatt eingetauchtem Pane Carasau fortfahren – alles abwechselnd in die Form geben, ganz obenauf ist der letzte Teil des Pecorinos. ca. 30 Minuten backen.
Eventuell 2 pochierte Eier heiß auf den Auflauf legen. Im Ganzen zum Tisch bringen.

Man kann dieses Gericht auch ergänzen: zum Beispiel durch Mozzarella, Feta, angebratenes Faschiertes, übrig gebliebene geschnittene Fleischstücke (sie sollten jedenfalls sehr weich sein), eingelegte Sardellen, Thunfisch, gebratenes Gemüse. Einfach auf jede Schicht Pane Carasau geben, darauf dann die Tomatensauce und darauf den Pecorino.
Wenn man das Gericht nicht mit Pane Carasau, sondern mit Weißbrotscheiben zubereitet, nennt man es in einigen Dörfern der sardischen Barbagia übrigens „Mazzamurru". Es ist eines der typischen Arme-Leute-Essen, die man leider in den Restaurants nur ganz selten findet. Und auch diese Variante ist köstlich!

SERVIETTENKNÖDEL

3 Semmeln oder Weißbrotscheiben (180 g, können auch schon älter sein)
1 mittelgroße Zwiebel (100 g)
½ Bund Petersilie
2 Eier
50 g Butter
150 ml Milch
frische Muskatnuss
1 TL Salz

Semmeln in 1 cm große Würfel schneiden und in eine Schüssel geben. Fein geschnittene Zwiebel in Butter glasig anrösten. Hitze abdrehen und die klein geschnittene Petersilie daruntermischen. Milch, Eier, Salz, frisch geriebene Muskatnuss stabmixen und auf den Semmelwürfeln verteilen. Dann die Zwiebel-Butter-Mischung darüber leeren. Die Masse locker mit den Händen durcharbeiten. Nicht kneten! Die Struktur der Semmelwürfel sollte sichtbar bleiben. Sind die Semmelwürfel schon sehr trocken, dann noch etwas Milch dazugeben. Die Masse sollte „gatschig" sein.

Klarsichtfolie auflegen, darauf im unteren Drittel die Knödelmasse zu einer lockeren Knödelstange (ca. 3 cm Durchmesser) formen. In die Klarsichtfolie einrollen. Die Enden gut zusammendrehen, damit beim Kochen keine Masse austreten kann. Eventuell mit Küchengarn abbinden.

2 l Wasser mit 1 EL Salz in einem breiten Topf aufkochen, die Knödelstangen einlegen und bei ganz kleiner Hitze ca. 30 Minuten garen.

Entweder gleich warm aufschneiden und als Beilage verwenden. Oder abkühlen lassen und später in Scheiben geschnitten in einer Pfanne mit wenig Öl oder Butter knusprig braten. Mischt man noch 2 mit Salz und schwarzem Pfeffer kurz verschlagene Eier darunter, gibt's die berühmten **Knödel mit Ei**.

NAAN-BROT

Dieses indische Brot muss Mira einfach demnächst probieren – Voraussetzung dafür ist allerdings, dass sie einen richtig heißen Grill und einen Pizza- oder Brotbackstein hat. Im Original werden diese Brotfladen auf die Innenseite des Tandoor-Ofens geklatscht. Unten brennt Feuer, der Teig bleibt an der Wand aus gebranntem Ton kleben, wirft in kürzester Zeit Blasen und in ein, zwei Minuten sind die Fladen fertig.

VORTEIG:
100 g Bio-Weizenmehl (Typ 700 oder höher)
3 g Trockenhefe
100 ml warmes Wasser
1 TL Zucker

Mit dem Handmixer oder viel Kraft und einem Schneebesen alle Zutaten in einer Schüssel glatt rühren, abdecken. An einem warmen Platz 1 Stunde reifen lassen.

100 g Joghurt mit 10% Fett
40 g zimmerwarme Butter
150 g glattes Weizenmehl (Typ 700)
2 TL Salz
eventuell Knoblauch, Olivenöl, Schwarzkümmel

Joghurt und Butter verrühren. Dann gemeinsam mit dem griffigen Mehl, dem Vorteig und dem Salz 10 Minuten kneten.
1 Stunde zugedeckt an einem warmen Platz gehen lassen.
Teig in 4 Teile teilen, auf bemehlter Unterlage dünn ausrollen oder mit den Händen ausziehen.
Backstein möglichst nah an den Grill legen, Grill samt Backstein 15 Minuten auf das Maximum erhitzen. Fladen einzeln einlegen, wenn sie Blasen schlagen, umdrehen und in einen vorgewärmten Brotkorb oder tiefen Teller geben. Ein Tuch mit heißem Wasser befeuchten, gut ausdrücken und darauf legen. So verfahren, bis alle Brote gebacken sind.
Danach die Brote eventuell mit Olivenöl und zerdrücktem Knoblauch einpinseln. Auch Schwarzkümmel gibt den Naan-Broten eine besondere Note.

SAUERTEIGBROT AUS BIOWEIZENMEHL

Das ist mein Lieblingsrezept, auch wenn ich Mira noch nicht davon überzeugt habe, dass sie Brot backen möchte.

Man braucht dafür allerdings einen Vorteig: das heißt, eine Mischung aus Mehl und Wasser und lebendigen Bakterien. Dan bekommt man auf unterschiedliche Art: entweder, indem man ihn mit viel Geduld und in mehreren Schritten über mehrere Tage selbst „züchtet" – oder, so wie ich es gemacht mache: Ich nehme 200 g von einem Hefebrotteig weg, verrühre ihn mit 100 ml warmem Wasser und hebe diese dickflüssige Mischung im Kühlschrank auf, bis ich sie brauche. Methode 3: Man verrührt gekauften getrockneten Sauerteig mit Mehl und Wasser. Dann den Vorteig warmstellen, bis er Bläschen bekommt. Jetzt ist er „lebendig" und bereit, verwendet zu werden.

300 g Vorteig
700 g glattes Bio-Weizenmehl, Typ 700 oder höher (es hat gute Backeigenschaften und ein kräftigeres Aroma, siehe auch S. 233 f.)
Olivenöl
eventuell frischer Rosmarin, oder Fenchelsamen
1 TL brauner Zucker
2 TL Salz
Fleur de Sel

Vorteig mit 300 g Mehl und 300 ml warmem Wasser vermischen. Da dieser Teig noch sehr dünn ist, geht das auch gut mit einem Handmixer.

Teigschüssel mit Klarsichtfolie oder einem Wachstuch nicht ganz dicht abdecken und an einem warmen Platz (in der Nähe von Heizkörpern oder in der Sonne) gehen lassen, bis sich das Volumen ungefähr verdoppelt hat. Das dauert im Schnitt 4–5 Stunden.

Von diesem Teig 300 g in einen verschließbaren Behälter geben und in den Kühlschrank stellen. Das ist dann der Vorteig für das nächste Brot. Er hält zumindest 1–2 Wochen. In der Rührschüssel der Küchenmaschine 300 g Mehl, 2 TL Salz, eventuell geschnittenen Rosmarin oder Fenchelsamen, 1 TL Zucker und 100 ml warmes Wasser geben und 10 Minuten kneten. Der Teig sollte geschmeidig und weich sein. Rundum bemehlen und in einer großen bemehlten Schüssel zugedeckt gehen lassen, bis sich das Volumen verdoppelt hat. Das dauert je nach Mehl, Wärme und Faktoren, die ich noch nicht durchschaut habe, zwischen 4 und 14 Stunden (sorry, aber es ist so).

Danach den Teig vorsichtig auf ein bemehltes Brett gleiten lassen, von allen Enden her übereinanderschlagen. Da dieser Brotteig eher weich ist, empfiehlt es sich, ihn in einem Ring oder einer Form zu backen. Entweder Form bemehlen, den Teig umdrehen, damit die glatte Seite oben ist, und hineingleiten lassen. Oder auf einen Brotschieber viel Mehl geben, darauf einen Ring stellen, den Teig umdrehen und hineingleiten lassen. Wieder abdecken. Wenn sich das Volumen vergrößert hat (ungefähr um die Hälfte), ein Gefäß mit ½ l warmem Wasser an den Rand des Backrohrs stellen und das Rohr auf das Maximum (gut sind 275 Grad) vorheizen. Mit Umluft geht das am schnellsten und noch ist ja kein sensibler Teig drin.

Wenn das Rohr heiß ist, auf Unterhitze stellen. Die Oberseite des Brotes mit einigen Tropfen Olivenöl und Salzflocken würzen. Dann das Brot in den Ofen schieben, mit einem Schöpfer etwas vom kochenden Wasser auf das Blech oder die Wand des Backrohrs spritzen (Vorsicht, man kann sich am heißen Dampf ganz schön verbrennen!), und die Backofentür schnell schließen.

Nach 10 Minuten die Hitze auf 180 Grad reduzieren und die Oberhitze zuschalten. Nach weiteren 30 Minuten die Hitze auf 150 Grad reduzieren und noch 30 Minuten backen.

BUTTERMILCHBROT

Dieses Brot benötigt tatsächlich wenig Aufwand – und es „geht" im doppelten Sinn gut.

350 g + 2 EL glattes Weizenmehl (Typ 700)
zusätzliches Mehl zum Bemehlen
1 Pkg. Trockenhefe
300 ml Buttermilch
Olivenöl
eventuell frischer Rosmarin
10 ml Zucker
10 ml Salz
Fleur de Sel

Buttermilch lauwarm (ca. 37 Grad) werden lassen. In einem Messbecher (oder einem Gefäß, das mehr als ½ l fasst), mit der Hefe und dem Zucker verrühren. 2 EL Mehl darüber stäuben. Abdecken und warm stellen (auf der Heizung, in der Sonne), bis die Masse zumindest um die Hälfte gewachsen ist. Das dauert ca. 30 Minuten.

Das restliche Mehl mit dem „Dampfl" (so wird in Ostösterreich dieser Vorteig genannt), Salz und eventuell fein geschnittenem Rosmarin in der Küchenmaschine mit dem Knethaken 10 Minuten kneten (es gelingt auch mit dem Knethaken eines konventionellen Handmixers). Eine Schüssel bemehlen. Den Brotteig hineingeben und rundherum in Mehl wälzen. Mit Klarsichtfolie, einem Wachstuch oder einem leichten Deckel abdecken und an einem warmen Platz gehen lassen, bis sich das Volumen verdoppelt hat. Das dauert im Schnitt 1–2 Stunden. Den Teig auf ein gut bemehltes Brett gleiten lassen, etwas flach drücken und die Enden in die Mitte falten.

Eine Form (ungefähr doppelt so groß wie die Teigmasse) bemehlen, den Teig mit der glatten Seite nach oben hineingleiten lassen. Oder auf einen Brotschieber viel Mehl geben, darauf einen Ring stellen, den Teig mit der glatten Seite nach oben hineingleiten lassen. Wieder abdecken und warm stellen. Wenn sich das Volumen verdoppelt hat (das dauert ca. 30 Minuten), ein Gefäß mit ½ l warmem Wasser an den Rand des Backrohrs stellen. Das Rohr auf 250 Grad vorheizen. Mit Umluft geht das am schnellsten. Wenn es die Temperatur erreicht hat, den Regler auf Unterhitze stellen. Die

Oberseite des Brotes mit einigen Tropfen Olivenöl und Salzflocken würzen. Das Brot in den Ofen geben, mit einem Schöpfer etwas vom kochenden Wasser auf das Blech oder die Wand des Backrohrs spritzen (Vorsicht, man kann sich am heißen Dampf ziemlich verbrennen!), und die Backofentür schnell schließen.

Nach 10 Minuten die Hitze auf 180 Grad reduzieren und die Oberhitze zuschalten. Nach weiteren 20 Minuten die Hitze auf 150 Grad reduzieren und noch 30 Minuten backen.

Kartoffeln

Ich werde oft gefragt, was denn meine Lieblingsspeise sei. Eigentlich ist das unmöglich zu beantworten, ich habe zu viele und: Ich liebe die Abwechslung und alles Neue. Aber es gibt etwas, das mir wirklich immer schmeckt: gekochte Kartoffeln mit Butter. So einfach – was entscheidet, ist die Qualität. Kartoffeln aus der Region und Butter vom Bauernhof. In „Russen kommen" fügt Mira diesem unserem Lieblingsgericht auch noch den Duft frischer Apfelminze hinzu.

Welche Kartoffelsorte man dafür am besten verwendet? Da gibt es viele Möglichkeiten. Wichtig ist, dass die Kartoffeln nicht industriell bearbeitet und haltbar gemacht wurden. Zum Glück existieren inzwischen viele Läden, die mit lokaler Vielfalt locken. Übrigens: Nicht alle rotschaligen Kartoffeln sind auch nach dem Kochen innen rot, ähnlich ist das bei den blauen.

Grundsätzlich unterscheidet man zwischen mehligen und festkochenden (in Österreich auch „speckig" genannten) Kartoffelsorten. Die mehligen zerfallen rasch und haben eine sehr gute Bindekraft. Die festkochenden bleiben länger stabil. Sie kleben mehr, als sie binden. Mixt man sie, wird man feststellen, dass sich die Masse richtiggehend zieht. Viel besser als für Saucen eignen sie sich für Bratkartoffeln, Rösti und Salat. Und dann gibt's noch die geheimnisvollen „vorwiegend festkochenden" Sorten – mein Verdacht: So sichern sich Produzenten ab, falls festkochende doch zerkochen. Und das tun sie immer – wenn man sie *zu* lange kocht.

Für alle Kartoffelsorten gilt: Sie haben im Kühlschrank nichts verloren. Wenn sie es zu kalt haben, wandelt sich ihre Stärke nämlich in Zucker um. Sie bekommen grüne und braune Flecken, sie schmecken süßlich-faulig. Kartoffeln mögen es trocken, finster und kühl. Wer keinen Kartoffelkeller hat (das sind heute wohl die meisten), sucht die Stelle in der Wohnung, die dem am ehesten entspricht, und lagert sie nicht zu lange in einem Leinensack oder einem Weidenkorb. Wenn übrigens noch etwas trockene Erde an den Kartoffeln ist, tut das der Haltbarkeit gut.

Ach ja, in Ostösterreich heißen die Kartoffeln Erdäpfel. Ich mag das Wort, es duftet nahezu …

KARTOFFELN GAREN

Mira Valensky ist keine klassische Heldin, auch nicht in der Küche. Und ich bin ihr ähnlich. Oft scheitern wir an den einfachsten Dingen. Ich konnte schon lange ziemlich gute Pastagerichte zaubern, bevor ich begriffen habe, wie man Kartoffeln gart.

Kartoffeln kochen

Kartoffeln waschen, in einen Topf geben, mit kaltem Wasser auffüllen (so werden die Kartoffeln regelmäßiger durch, als wenn man sie in kochendes gibt), bis es fingerbreit über den Kartoffeln steht. Salzen. Zudecken, maximale Hitze, bis das Wasser kocht, dann auf geringe Hitze reduzieren. Kleine Kartoffeln brauchen ab dem Kochzeitpunkt ca. 20 Minuten, bis sie durch sind, große ca. 45 Minuten. Noch warm schälen.

Kartoffeln im Topf dämpfen

Dafür braucht man einen Dämpfeinsatz. Den gibt man in einen passenden Topf und füllt so hoch Wasser ein, dass es diesen Einsatz gerade noch benetzt. Darauf legt man die gewaschenen Kartoffeln, mehr als zwei Reihen sollten es nicht sein. Zudecken und bei mittlerer Hitze garen. Das dauert ca. 30 Minuten.

Grundsätzlich sind in der Schale gekochte Kartoffeln etwas aromatischer. An den beschriebenen Garmethoden ändert sich aber nichts, wenn man die Kartoffeln vorher schält. In diesem Fall halbiert man sie oder schneidet sie in große Stücke. So verringert sich die Kochzeit ein wenig. Wichtig ist, dass das Wasser ausreichend gesalzen ist.

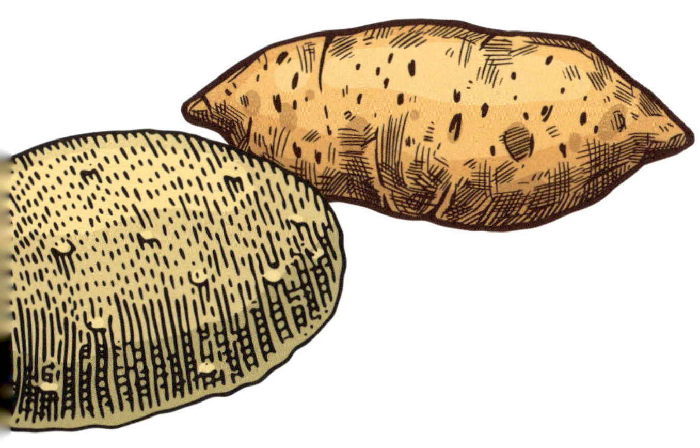

OMAS SCHNELLE KARTOFFELSUPPE

350 g mehlige Kartoffeln
1 Jungzwiebel
2 Knoblauchzehen
20 ml Sonnenblumenöl
100 ml Sauerrahm
1 EL Gemüsewürze
1 TL geschroteter (oder gemahlener) Kümmel
schwarzer Pfeffer aus der Mühle
Salz

Kartoffeln schälen, in kleine Würfel schneiden. Das Öl in einem Topf, der zumindest 1 l fasst, erwärmen, die in Ringe geschnittene Jungzwiebel (einige schöne grüne Ringe zur Seite geben) mit dem Kümmel kurz anbraten, dann die Kartoffelwürfel dazugeben und mitrösten. Fein geschnittenen Knoblauch dazugeben, einmal umrühren und mit 400 ml Wasser auffüllen. Gemüsewürze, Salz, Kümmel und Pfeffer dazugeben, zudecken und 5–10 Minuten kochen, bis die Kartoffelwürfel ganz weich sind. Dann den Sauerrahm dazu, mit dem Schneebesen verrühren, sodass sich die Suppe etwas bindet, und abschmecken. Mit Jungzwiebelringen bestreut servieren.

Ganz ähnlich zubereitet wird auch eine köstliche und schnelle Kartoffel-Beilage:

WÜRZIGE KARTOFFELWÜRFEL

Dafür verwendet man festkochende Kartoffeln und bereitet dann alles gleich zu bis einschließlich zum Rösten der Kartoffelwürfel mit den Jungzwiebelringen. Bereits jetzt salzen, pfeffern, mit Kümmel und eventuell Chiliflocken würzen, noch etwas weiterrösten, dann mit 40 ml Weißwein oder Wermut aufgießen, Deckel drauf, Hitze aufs Minimum und nach 5–10 Minuten sind die Kartoffelwürfel fertig.
Sie passen sehr gut zu gebratenem Fleisch oder Fisch, aber man kann sie auch mit etwas Sauerrahm überbacken servieren.

WIENER ERDÄPFELSALAT

500 g kleine festkochende Kartoffeln (am besten eignet sich die Sorte Kipfler)
1 kleine Zwiebel (60 g)
20 ml Apfelessig
40 ml Sonnenblumenöl
100 ml heiße Rindsuppe oder Gemüsesuppe
1 EL Estragon-Senf
1 TL Zucker
1 TL Salz
etwas Schnittlauch

Kartoffeln kochen oder dämpfen. Essig, Öl, Senf, Zucker und Salz vermischen, die fein geschnittenen Zwiebeln unter die Marinade rühren. Kartoffeln noch heiß schälen, in Scheiben schneiden und gleich in die Marinade geben. Die heiße Suppe dazugeben, umrühren und eventuell mit Salz und Zucker nachwürzen. Mit etwas geschnittenem Schnittlauch bestreuen. Noch warm schmeckt der Erdäpfelsalat am besten!

Aus übrig gebliebenem Erdäpfelsalat, aber auch aus gekauftem (er hat sogar den Vorteil, dass er sich wegen des vorgeschriebenen Säuregehalts besser mixen lässt) entsteht in wenigen Minuten eine in Farbe und Geschmack überraschende Sauce:

GRÜNE ERDÄPFELSAUCE

Kürbiskernöl, möglichst naturbelassen
eventuell Chilipulver

Den Erdäpfelsalat in ein hohes schmales Gefäß geben, eventuell Chili dazugeben. Mit dem Stabmixer Kürbiskernöl einmixen, bis die Sauce ein schönes sattes Grün hat.
Als Dipping-Sauce oder als Ergänzung zu gekochten Kartoffeln, als Untergrund für Schinken oder Räucherfisch verwenden.

GERÄUCHERTE OFENKARTOFFELN

2 große mehlige Ofenkartoffeln (je 250 g)
20 ml Olivenöl
2 TL Räuchersalz
2 Stück Alufolie (30 cm lang)

Backrohr auf 200 Grad vorheizen.
Alufolie verwende ich ganz selten, aber für dieses Rezept kenne ich keine Alternative.
Kartoffeln waschen und in die Mitte der Alufolie legen. Jeweils 10 ml Olivenöl darüber leeren. Auf jeder Kartoffel 1 TL Räuchersalz verteilen. Alufolie über der Kartoffel schließen, dann die beiden Seiten zur Kartoffel hin rollen und die Folie gut zusammendrücken, damit sie ganz dicht ist. Kartoffeln, je nach Größe, ca. 1 Stunde backen.
In der Schale servieren, das Öl und das Salz, das auf der Alufolie ist, auf die Kartoffeln geben.

Geräucherte Ofenkartoffeln sind nicht nur eine würzige Beilage zu Fleisch oder Fisch. Mit kalten Saucen (zum Beispiel Hoisin-Sauce, S. 70, Melinzanosalata, S. 30, Hummus, S. 68, Skordalia, S. 86) oder einer gebeizten Lachsforelle (Rezept S. 144) wird daraus rasch eine komplette Mahlzeit.

GEBACKENE KARTOFFELN MIT BAUERNBUTTER UND APFELMINZE

500 g festkochende Kartoffeln
50 g naturbelassene Butter
1 Bund Apfelminze
40 ml Sonnenblumenöl
20 ml Suppe oder Wasser
Fleur de Sel

Man benötigt dafür eine Ofenform mit fest sitzendem Deckel, die nicht viel größer sein sollte als das Volumen der Kartoffeln.
Backrohr auf 200 Grad vorheizen.
Kartoffeln waschen und schälen. In die Form 20 ml Öl, ganz wenig Suppe oder Wasser und einige Salzflocken geben, darauf die Kartoffeln legen. Mit den restlichen 20 ml Öl begießen, großzügig mit Salzflocken bestreuen. Deckel schließen und (je nach Größe der Kartoffeln) ca. 45 Minuten backen.
In der Form heiß servieren. Dazu die Butter und eine Schüssel mit der abgezupften Apfelminze reichen.

KARTOFFELSCHNEE

2 große mehlige Kartoffeln (500 g)
Olivenöl oder Butter
Fleur de Sel
eventuell einige in Öl eingelegte Sardellen

Für dieses Rezept benötigt man eine Kartoffelpresse.
Kartoffeln schälen (so können sie ganz heiß verwendet werden), halbieren oder vierteln und in Salzwasser kochen oder dämpfen (siehe S. 101), bis sie ganz weich sind. Direkt aus dem Topf in die Kartoffelpresse geben und den Kartoffelschnee auf vorgewärmte Teller häufen. Am schönsten gelingt das, wenn man einen Servierring verwendet.
Die Kartoffelmasse ist duftig leicht – also ja nicht andrücken! Mit etwas Olivenöl oder zerlassener Butter beträufeln, mit Salzflocken bestreuen.
Einfach ein paar in Öl eingelegte Sardellen darauf, und Mira und ich sind glücklich.

Der Kartoffelschnee ist aber auch ein perfekter Untergrund für Fische wie den **Kabeljau mit Zitronenöl** (Rezept S. 151).

MIT PILZEN GEFÜLLTE KARTOFFELN

2 große Kartoffeln (je 250 g)
200 g kleine Steinpilze (oder Kräuterseitlinge oder braune Champignons)
1 Jungzwiebel
20 ml Olivenöl
geschroteter (oder gemahlener) Kümmel
schwarzer Pfeffer aus der Mühle
Salz

Kartoffeln gut waschen, kalt zustellen und in der Schale kochen. Das dauert ca. 45 Minuten.
Kartoffeln schälen, der Länge nach halbieren, aushöhlen, warm stellen (am besten im Topf, in dem noch ganz wenig heißes Kochwasser ist).
Pilze und in Ringe geschnittene Jungzwiebel in Olivenöl rösten, mit Kümmel, Pfeffer und Salz würzen. Das Ausgehöhlte der Kartoffeln klein schneiden, kurz mitbraten. Alles in die Kartoffelhülle füllen, servieren.

BLAUE TRÜFFELKARTOFFELN

400 g blaue Kartoffeln (Elise, Blaue Anneliese, St. Gallener)
40 ml Olivenöl
40 ml Rotwein
Fleur de Sel
eventuell frische Trüffeln

Trüffelcreme von Rezept S. 76

Backrohr auf 200 Grad vorheizen.
Trüffelcreme zubereiten.
Kartoffeln schälen. In einer nicht zu großen Ofenform mit gut schließendem Deckel 20 ml Olivenöl, den Rotwein, etwas Salz und darauf die Kartoffeln geben. Das restliche Olivenöl darüber geben, salzen, zudecken und die Kartoffeln, je nach Größe, 40 bis 60 Minuten backen.
Kartoffeln halbieren, auf vorgewärmte Teller geben und mit der kalten Trüffelcreme überziehen. Eventuell frische Trüffeln darüber hobeln.

ERDÄPFELGULASCH

500 g festkochende Kartoffeln
1 große Zwiebel (120 g)
2 Knoblauchzehen
40 ml Sonnenblumenöl
80 ml Weißwein
1 EL Tomatenmark
1 TL glattes Mehl
2 EL Paprikapulver (süß oder scharf)
1 TL gemahlener Kümmel
1 TL Majoran
1 EL Gemüsewürze
eventuell Chilipulver
Salz
eventuell Knackwurst, Kranzextra, Braunschweiger, Dürre

Kartoffeln waschen, schälen, ja nach Größe ganz lassen oder halbieren. Fein geschnittene Zwiebel in Öl anschwitzen, fein geschnittenen Knoblauch, Tomatenmark, Mehl und Kartoffeln dazugeben. Umrühren, mit Wein ablöschen, Paprikapulver, Kümmel, Majoran dazugeben, umrühren und mit Wasser auffüllen. Es sollte die Kartoffeln knapp bedecken. Gemüsewürze und Salz dazu. Zudecken, auf kleiner Flamme kochen und ab und zu umrühren. Wenn die Kartoffeln weich sind, mit Salz abschmecken.

Wer es deftiger mag, wärmt darin am Ende in Scheiben geschnittene Wurst.

Lässt man Paprikapulver und Tomatenmark weg, entsteht ein **weißes Erdäpfelgulasch**. Einige Löffel Crème fraîche geben ihm ein besonderes Aroma.

Eine **indische Variante** entsteht, wenn man das klassische Erdäpfelgulasch mit Curry, Koriander, Kreuzkümmel, Kurkuma und Cashew-Nüssen ergänzt.

Reis

In „Evelyns Fall" stiehlt Mira Rosen aus dem Wiener Stadtpark, sie haben allzu verführerisch geduftet ... Risotto mit Rosenblüten ist mehr als ein Rezept, es ist eine Hommage – an den Sommer, die Liebe, und Italien. Risotto ist aber auch ein guter Test für die Qualität der Küche. Es hat nichts zu tun mit der Reispampe, die vielerorts mit einem Stück gebratenen Tiers serviert wird. Richtiges Risotto wird frisch gemacht, ist cremig. Es ist keine Zuspeise, sondern eine warme Vorspeise oder ein Hauptgericht. Wenngleich ... in Mailand wird es oft mit Ossobuco serviert. Es gibt eben keine absoluten Wahrheiten, schon gar nicht in der Küche.

Dass Reis eine der Grundlagen der Welternährung bildet, ist allerdings klar. Entsprechend vielfältig sind seine Zubereitungsarten. Einfach in viel Wasser gekocht, ist er ein neutraler Geschmacksträger. Würziger wird Reis nach der Pilaw-Methode. Dafür wird er mit Fett und Zwiebeln angebraten. Ohne Zwiebeln, aber mit Fett, wird er vor allem im arabischen Raum als Beilage zubereitet. Von dort kam der Reis übrigens übers Römische Reich nach Europa.

Grundsätzlich verwendet man Langkornreis für duftige lockere Gerichte. Rundkornreis hingegen klebt und wird auch süß verarbeitet. Von ihm abgeleitet sind die Mittelkornsorten, die außen cremig werden und innen einen guten Biss bewahren. Mit Arborio, Vialone oder Carnaroli lassen sich auch die besten Risotti zubereiten.

Naturreis ist eine Herausforderung – es dauert, bis er weich ist, dafür springen die Körner dann gerne auf. Aber durch das Silberhäutchen und den Keimling hat er deutlich mehr Nährstoffe. Ich mische roten Naturreis gerne mit weißem Reis. Das hat mir einst ein begnadeter libanesischer Koch beigebracht.

Erst als ich die Rezepte für dieses Buch zusammengestellt habe, wurde mir klar, dass es ein Gericht gibt, das in Abwandlungen beinahe überall auf der Welt existiert: Reisfleisch. Es ist eine der Lieblingsspeisen meiner Kindheit – Mutti hat es im damals hochmodernen Druckkochtopf zubereitet. Man findet es in der fernöstlichen Küche, in der indischen als Biryani, die Paella ist damit ebenso verwandt wie die arabischen Reiseintöpfe. In Vietnam habe ich ein sehr würziges Gericht aus gemeinsam gekochtem Hühnerfleisch und Reis gegessen. Keine Ahnung, was da sonst noch drin war, aber: Es hat wunderbar geschmeckt. So wie die vielen Salate mit Reisnudeln. Was für ein Glück, dass die Vietnamesin Vui in „Fadenkreuz" für Mira, Vesna und Oskar aufkocht.

REISNUDELSALAT MIT MANGO, NÜSSEN UND CHILI

50 g Reisnudeln
150 g Mango
50 g Erdnüsse oder Mandeln
1 Chilischote
1 Jungzwiebel
20 ml Fruchtessig
40 ml geröstetes Sesamöl
½ Bund grüner Koriander
20 g Ingwer
Salz
grüne Blätter, z. B. Spinat

Die Reisnudeln bissfest kochen. Dünne kann man auch mit kochendem Wasser übergießen und ca. 10 Minuten ziehen lassen, bis sie gar sind. Etwas vom Kochwasser aufheben.

Aus Essig, 40 ml Kochwasser, Sesamöl, fein geschnittenem Ingwer und Salz eine Marinade rühren. Mango und Chili in feine Streifen schneiden, Jungzwiebel in Ringe schneiden. Alles mit den ganzen Erdnüssen, dem abgezupften Koriander und den Reisnudeln vermischen. Einige junge Spinatblätter auf tiefe Teller legen, darauf den Reisnudel-Mango-Salat gupfen.

VIETNAMESISCHE SOMMERROLLEN

4 Reisteigblätter
100 g feste Mango
50 g Endivien oder anderer robuster Salat
2 EL Erdnüsse oder Mandeln
1 Jungzwiebel
10 g Ingwer
60 g Garnelen
60 g Roastbeef
10 ml Sesamöl
grüner Koriander
frischer Chili oder Chilisauce
Salz

Mango und Salat in schmale Streifen schneiden. Erdnüsse oder Mandeln ohne Fett kurz anrösten, dann grob hacken. Jungzwiebel in Ringe schneiden. Ingwer fein schneiden. Rohe Garnelen mit Sesamöl in einer heißen Pfanne kurz schwenken, salzen. Roastbeef in dünne Stücke schneiden.

Reisteigblätter 20 Sekunden unter kaltes fließendes Wasser halten, dann auf ein Brett geben und kurz warten, bis das Blatt weich wird. Alle Zutaten in die untere Hälfte des Blattes legen, salzen, mit Koriander und einigen Tropfen Chilisauce ergänzen. Dann die Seitenteile wie bei einem kleinen Strudel einklappen und alles fest einrollen. Weiche Reisteigblätter halten mehr Druck aus, als man denkt.

Man kann Unterschiedlichstes in die Sommerrollen füllen. Sie eignen sich auch wunderbar, um Reste zu verarbeiten. Jedenfalls sollte immer etwas Fruchtiges, etwas Pikant-Würziges, etwas Knuspriges, etwas Grünes, etwas Saftiges dabei sein. In den traditionellen Füllungen sind auch immer ganz dünne Reisnudeln (nicht kochen, sondern mit heißem Wasser übergießen und nach 10 Minuten abtropfen), es macht die Rollen nahrhafter, aber ich finde, dass man darauf auch verzichten kann.

Die übliche **Sauce zu Sommerrollen** enthält kein Öl: Halb Sojasauce, halb milder (Frucht-)Essig, Ingwer und Chili, fein geschnitten, Jungzwiebel, einige Tropfen Fischsauce, eine Prise Zucker und Salz, fertig.

Gut passt dazu auch die klassische Hoisin-Sauce vom Rezept S. 70.

Am einfachsten isst man die Sommerrollen übrigens mit der Hand – so macht man es auch im vietnamesischen Alltag.

RISOTTO MIT ROSENBLÜTEN

In „Evelyns Fall" kocht Mira dieses ganz besondere Risotto für ihren Oskar – und er überrascht sie, indem er seine Tochter Carmen mitbringt.

200 g Arborio, Vialone, Carnaroli
50 duftende ungespritzte Rosenblätter (2 große Rosen)
1 kleine Zwiebel (60 g)
1 Knoblauchzehe
40 g Butter
20 ml Olivenöl
1 l Gemüsesuppe oder Hühnersuppe
150 ml Roséwein (besonders gut passt Fragolino)
30 g geriebener Provolone
20 g geriebener Pecorino
Chilipulver
Salz

Gut gesalzene Suppe köcheln lassen. 20 g Butter in dem Olivenöl schmelzen, fein geschnittene Zwiebel auf kleiner Flamme anrösten, sie soll keine Farbe bekommen. Reis und fein geschnittenen Knoblauch dazugeben und rühren, bis alle Körner glasig sind. Mit 100 ml Roséwein ablöschen. Unter Rühren etwas einkochen lassen. Mit einem Hauch Chili würzen. Wenn das Ganze eine sämige Konsistenz hat, mit einem Schöpfer köchelnder Suppe begießen und umrühren. Das wiederholt man so oft, bis der Reis al dente ist. Wichtig ist, dass der Reis immer von etwas Kochflüssigkeit bedeckt ist.
Noch einmal einen Schöpfer Suppe und den restlichen Roséwein dazugeben, 1 Minute köcheln lassen, dann die Hitze abdrehen. Echtes Risotto muss cremig sein und es zieht auch noch an, also lieber etwas suppiger lassen. Die restliche Butter und den geriebenen Käse einrühren. 3 Minuten ziehen lassen, die schönsten Blütenblätter zur Dekoration zur Seite geben, die anderen vorsichtig unters Risotto ziehen und sofort auf vorgewärmten tiefen Tellern servieren.

Dieses Grundrezept lässt sich auf vielfältige Art abwandeln: Anstelle von Rosenblüten kann man auch Veilchen, Primeln, Taglilien oder Zucchiniblüten verwenden.
Gibt man gegen Ende angebratene Pilze oder Kürbiswürfel dazu, nimmt man für diese würzigeren Risotti Weißwein und anstelle von Provolone geriebenen Parmesan oder Pecorino.
Besonders berühmt ist das **Risotto milanese** (Rezept S. 114).

RISOTTO MILANESE

Dieses Rezept beeindruckt Oskar in der Kurzgeschichte „Gelbe Gefahr" so sehr, dass Mira die Köchin in Verdacht hat, ihren Arbeitgeber ermordet zu haben. Allerdings ist im Erzählband „Vom schönen Schein" vieles anders, als man glaubt ...

150 g Vialone (Hauptreissorte der Lombardei)
60 g Butter
50 g Knochenmark vom Rind
1 kleine Zwiebel (60 g)
1 Knoblauchzehe
150 ml Weißwein
1 l Rindsuppe
½ TL Safranfäden
50 g geriebener Parmesan
schwarzer Pfeffer aus der Mühle
Salz

Grundsätzlich ist die Zubereitung dieselbe. Mit 20 g Butter wird allerdings auch klein geschnittenes Knochenmark angeröstet. Und nach 10 Minuten Garzeit kommen gemeinsam mit der Rindsuppe die Safranfäden zum Risotto. Zum Schluss, wenn der Reis al dente und die Hitze bereits abgedreht ist, Parmesan, Butter und frisch gemahlenen Pfeffer einrühren.

SHRIMPS IN REISTEIG GEBACKEN

Reismehl macht Backteige besonders knusprig. Noch knuspriger wird es, wenn man die Shrimps mit dünnen Reisteignudeln oder Reisteigblättern umwickelt.

12 große rohe Garnelen ohne Schale
1 Reisteigblatt
30 g dünne Reisnudeln
50 g Reismehl
1 Eiklar
Sodawasser
½ TL Natron
Fleur de Sel
½ Zitrone
hitzebeständiges Öl zum Frittieren

FÜR VUIS SAUCE:

20 ml Limettensaft
20 ml Hoisin-Sauce (oder Ketjap Manis)
½ TL brauner Zucker
frischer Chili
Salz

Die Reisnudeln in lauwarmem Wasser einweichen – nach ca. 15 Minuten sind sie geschmeidig.

Alle Zutaten der Sauce samt fein geschnittenem Chili verrühren.

Die Garnelen trocken tupfen und etwas salzen. Einige Fäden der Reisnudeln nehmen, trocken tupfen und um 4 von den Garnelen wickeln.

Die Reisteigblätter kurz unters fließende Wasser halten, dann auf ein Brett legen und warten, bis sie weich werden. Halbieren und darin 4 Garnelen fest einwickeln.

Für den Reisteig dem Reismehl Eiklar, Natron und so viel Sodawasser beigeben, dass ein dünner Backteig entsteht (oder fertige Tempura-Teigmischung mit Sodawasser anrühren). 2 cm hoch Öl in eine große Pfanne geben, aufs Maximum erhitzen. 4 Garnelen in den Teig tauchen und sofort ins sehr heiße Öl geben. Die vorbereiteten umwickelten Garnelen dazugeben. Wenn sich die Hülle goldgelb färbt, umdrehen und auch auf dieser Seite goldgelb frittieren. Dann mit einem Siebschöpfer herausheben und auf ein Stück Küchenrolle legen, mit einem weiteren Stück Küchenrolle abtupfen. Auf vorgewärmten, mit Spitzenpapier belegten Tellern anrichten, mit Zitrone garnieren. Die Sauce in einem Schüsselchen dazustellen.

ROTER REIS MIT SCHWARZKÜMMEL

60 g roter Reis
80 g weißer Langkornreis
1 kleine rote Zwiebel (60 g)
1 Knoblauchzehe
40 ml Olivenöl
80 ml Weißwein
2 EL Schwarzkümmel
1 Thymianzweig
1 TL gemahlener Kreuzkümmel
1 TL gemahlener Koriander
1 TL Gemüsewürze
Chiliflocken
1 TL Salz

30 ml Olivenöl in einem Topf erhitzen und die klein geschnittene Zwiebel darin anschwitzen, ohne dass sie Farbe bekommt. Die fein geschnittene Knoblauchzehe, den roten Reis, den Thymianzweig, Kreuzkümmel, Koriander, Chiliflocken und Schwarzkümmel dazugeben, umrühren, bis Reis und Schwarzkümmel mit Öl überzogen sind. Mit Wein ablöschen. Wenn er aufkocht, mit 500 ml lauwarmem Wasser aufgießen. Gemüsewürze dazugeben, ca. 30 Minuten zugedeckt bei ganz kleiner Hitze köcheln lassen. Danach den weißen Reis dazugeben (es sollte noch genug Flüssigkeit vorhanden sein, wenn nicht, etwas Wasser nachgießen), umrühren und noch einmal ca. 15 Minuten köcheln lassen. Mit 10 ml Olivenöl und eventuell Salz abschmecken.

In Nordafrika und vielen arabischen Ländern werden solche Reisgerichte mit Fladenbrot als Hauptspeise gegessen – oder sie sind Teil einer Hauptmahlzeit, bei der zusätzlich Lammeintopf, gebratene oder gedämpfte Hühnerteile, gekochtes Fleisch aller Art serviert werden. Dieser Reis passt auch sehr gut zum **vietnamesischen Zimtfleisch** (Rezept S. 182).

REISFLEISCH

350 g Schweinsschlögel (Hinterkeule)
150 g Langkornreis
1 große Zwiebel (100 g)
1 Knoblauchzehe
80 ml Weißwein
40 ml Sonnenblumenöl
1 Pkg. Safran
1 EL Gemüsewürze
1 TL gemahlener Koriander
1 Lorbeerblatt
schwarzer Pfeffer aus der Mühle
Salz

Das Fleisch in 2x2 cm große Würfel schneiden und mit Salz und Pfeffer würzen.

Öl in einem Topf erhitzen, die fein geschnittene Zwiebel kurz anschwitzen. Dann die Fleischwürfel dazugeben und beides anbraten. Fein geschnittenen Knoblauch dazu, einmal umrühren und mit dem Wein ablöschen. Wenn die Flüssigkeit kocht, 100 ml Wasser dazugeben, Deckel darauf und bei kleiner Hitze 30 Minuten garen. Den Reis dazugeben, gut durchrühren und mit 250 ml Wasser aufgießen. Safran, Gemüsewürze, Koriander, Lorbeerblatt und noch etwas Salz dazugeben. Bei kleiner Hitze zugedeckt kochen, bis der Reis gar ist (dauert ca. 20 Minuten). Zwischendurch einmal umrühren und eventuell ein wenig Wasser nachgeben.

Auf vorgewärmten Tellern anrichten, mit Kräutern verzieren.

Dieses Reisfleisch lässt sich mit anderen Fleischsorten fast beliebig abwandeln. Mit Fantasie und den entsprechenden Gewürzen kocht man sich so rund um die Welt ... Serbisches Reisfleisch erhält man zum Beispiel, indem man etwas Tomatenmark mitröstet und Paprikapulver dazugibt.

Pasta + Couscous

Nudeln und Olivenöl – es ist so einfach, in kurzer Zeit gut zu essen. Salz und Chili dazu, vielleicht etwas Knoblauch. Und schon hat man eines von Miras Lieblings-Pasta-Gerichten: Spaghetti aglio, olio e peperoncino. Passt immer, auch wenn man erst spät am Abend heimkommt. Ein paar Garnelen, die Zucchini, Faschiertes: Alles lässt sich mit Pasta zu einem Festessen machen. Schnell gekocht, dafür dann aber in Ruhe und mit Genuss gegessen.

Inzwischen wird ja vieles rund ums Kochen zur Wissenschaft erhoben: Welche Nudelsorte passt also genau zu welchen Zutaten? Erstens einmal: die, die da ist. Und zweitens: Spaghetti und Linguine lieben eher körperarme, ölige Saucen. Cremiges und Ragouts harmonieren besonders mit breiteren Nudeln aus Eierteig wie Tagliatelle oder Pappardelle. Tomatensauce passt wunderbar zu Penne und Ravioli. Nudeln selbst zu machen ist gar nicht so schwierig. Allerdings gibt's jede Menge hervorragender Produkte zu kaufen – ich konzentriere mich lieber auf das, was drin und dran ist. Bei getrockneten Nudeln verwendet man übrigens rund ein Drittel der Menge im Vergleich zu frisch gemachten Nudeln.

Es gibt ein Geheimnis, das Pasta-Saucen gleichzeitig saftig, cremig und leicht macht: Nudelwasser. Pasta-Sauce in einer großen tiefen Pfanne zubereiten. Während die Nudeln kochen, immer wieder ein, zwei Esslöffel vom Nudelwasser samt Eiweißschaum abschöpfen und zur Sauce mischen. Die al dente gekochte Nudeln direkt mit einem Siebschöpfer in die kochende Sauce geben und umrühren. Die Nudeln saugen Flüssigkeit auf, also noch etwas Nudelwasser zum Verdünnen nehmen. So verhindert man auch, dass Pasta, die bloß mit Öl und Gewürzen zubereitet wird, diesen ölig-üppigen Touch bekommt oder trotz allem trocken ist. Einfach ausprobieren – und die Saucen bestenfalls am Schluss nachsalzen, weil im Kochwasser ohnehin immer ordentlich Salz sein sollte.

Couscous und Bulgur sind die arabischen und levantinischen Antworten auf die Spielarten der Pasta. In Sardinien, dessen Südküste ja auch bloß zweihundert Kilometer von der afrikanischen Küste entfernt ist, gibt's übrigens mit der „Fregola" den perfekten Link zwischen der Nudel- und der Couscous-Tradition: Dafür wird Mehl und Wasser zu Kügelchen verrührt und die werden danach im Backofen getrocknet. Deswegen bekommt man auch heute noch die richtig gute handgerollte Fregola beim Bäcker.

TABOULEH-SALAT

100 g Bulgur
200 ml kochendes Salzwasser
40 g Petersilie
1 Jungzwiebel
40 ml Zitronensaft
40 ml Olivenöl
Salz

Bulgur mit kochendem Salzwasser übergießen. 10 Minuten quellen lassen, zwischendurch umrühren. Mit viel fein geschnittener Petersilie und Jungzwiebel vermischen, mit Zitronensaft, Salz und Olivenöl abschmecken.
Eingelegte oder marinierte Fische passen sehr gut dazu.

LAUWARME ZITRONEN-MELONEN-SPAGHETTI

Eine wunderbare Pasta für heiße Tage ...

150 g Spaghetti oder Spaghettini
½ kleine Honigmelone (300 g)
1 reife Bio-Zitrone
20 ml Olivenöl
frischer Chili
20 Basilikumblätter
Salz

2 l Nudelwasser zustellen. Wenn es kocht, 2 EL Salz dazu und die Spaghetti einlegen.
Die Melone in kleine Stücke schneiden. Das Olivenöl erhitzen. Melonenwürfel gemeinsam mit dem nudelig geschnittenen Chili 2 Minuten schwenken. Ein paar Löffel Nudelwasser dazu, die Hitze abdrehen. Die Nudeln al dente zur Sauce geben und vermischen. Eventuell noch etwas Nudelwasser beigeben. In feine Streifen geschnittene Zitronenschale, Basilikumblätter und Zitronensaft daruntermischen.
In tiefe Teller häufen. Mit dem restlichen Basilikum und etwas Olivenöl verzieren.

GNOCCHI DI SEMOLA MIT GARNELEN-HACK

In „Im Netz" lernt Mira eine Menge über unsere virtuelle Welt – unter anderem auch, was ein „Hack" (sprich: *Häck*) ist: nämlich ein kreativer Umweg, um ans Ziel zu kommen. Warum also nicht auch einmal „Hackfleisch" aus Garnelen machen? Und aus Mehl und Wasser die allereinfachsten schnellsten Gnocchi?

150 g Semola di Grano Duro rimacinata (ersatzweise griffiges Mehl, Typ 700)
150 ml Wasser
1 TL Salz
250 g Garnelen ohne Schale
2 Jungzwiebeln
20 ml Olivenöl
40 ml weißer Wermut
Chiliflocken
Salz

Das Wasser mit dem Salz in einem Topf zum Kochen bringen. Das Mehl in einem Schwung ins Wasser leeren, mit einem Holzlöffel umrühren. Die bröckelige Masse auf ein Brett kippen. So heiß wie möglich (ohne zusätzliches Mehl) zu einem Teig kneten. Aus dem Teig Würste von ca. 2 cm Durchmesser rollen. Gnocchi abstechen, jedes eventuell mit dem Daumen über einen Gabelrücken drehen – das erzeugt das typische Muster.

In einem Topf 1 l Wasser und 1 TL Salz aufkochen, die Gnocchi einlegen, die Hitze aufs Minimum reduzieren. Garnelen in möglichst kleine Stücke hacken. Jungzwiebelringe im Olivenöl anbraten, die Garnelen und die Chiliflocken dazugeben, kurz mitrösten. Mit Wermut ablöschen. Etwas vom Kochwasser der Gnocchi dazugeben, wenn die Gnocchi alle an die Oberfläche gestiegen sind, mit einem Siebschöpfer zur Garnelenmasse geben, umrühren, eventuell mit noch etwas Kochwasser ergänzen, mit Salz abschmecken.

In vorgewärmten Tellern anrichten, mit Jungzwiebelringen verzieren.

PARADEISER-COUSCOUS MIT WEISSEM WELS

100 g Couscous
300 g fleischige Tomaten
2 Knoblauchzehen
20 ml Olivenöl
60 ml Weißwein
1 Jungzwiebel
1 Rosmarinzweig
eventuell Chiliflocken
Salz

WELS:
300 g Weißer Wels
20 ml süß-scharfe Chilisauce
20 ml Olivenöl
Fleur de Sel

Das Welsfilet halbieren. Mit Salz und Chilisauce würzen.
Tomaten in dünne Scheiben schneiden. In einem Topf den Rosmarinzweig in Olivenöl erhitzen, feinblättrig geschnittenen Knoblauch nur ganz kurz einrühren, die Tomatenscheiben samt aller Flüssigkeit und eventuell Chiliflocken dazugeben. 2 Minuten kochen, dann mit dem Wein ablöschen. Ein paar Minuten kochen, Rosmarinzweig entfernen. Couscous gemeinsam mit der in Ringe geschnittenen Jungzwiebel einrühren, wieder aufkochen. Die Hitze abdrehen, zudecken und das Couscous am Herdrand 5 Minuten quellen lassen.
In dieser Zeit Öl in einer Pfanne erhitzen. Die Welsfilets bei mittlerer Hitze auf beiden Seiten braten. Auf vorgewärmten Tellern Couscous und Wels anrichten, mit einigen Körnern Fleur de Sel bestreuen und mit Jungzwiebel verzieren.

COUSCOUS MIT ALLEM

In „Unterm Messer" kocht Mira auswärts. Von klassischer Vorratshaltung scheint Jana, die Tochter ihrer Freundin Vesna, nichts zu halten. Dafür finden sich vielerlei Meerestiere in Dosen. Und Couscous. Und Tomatensauce im Tetrapack. Mira zaubert daraus ein Couscous der besonderen Art ...

150 g Couscous
250 ml ungewürzte Tomatensauce
2 Knoblauchzehen
40 ml Wermut
20 ml Olivenöl
Gewürze nach Belieben: Zimt, Koriander, Kardamom, Piment, Ingwer, Kurkuma, Chili passen immer ...
½ Bund Petersilie
½ Zitrone
Salz
Als Einlage: Dosenfisch wie Nuri-Sardinen, Thunfisch, kleine Tintenfische, geräucherte Austern

In einem Topf Knoblauch ganz kurz im Öl erhitzen, mit dem Wermut ablöschen und mit der Tomatensauce und 50 ml Wasser aufgießen. Gewürze und Salz dazu, fünf Minuten kochen lassen. Couscous einrühren. Wenn es kocht, die abgetropften Meerestiere und geschnittene Petersilie dazugeben. Hitze abdrehen, zudecken und das Couscous 5 Minuten am Herdrand quellen lassen.
Das Couscous in die Mitte vorgewärmter tiefer Teller häufen, mit Zitronenscheiben und Petersilie garnieren.

Natürlich kann man als Einlage auch gekochtes Hühnerfleisch, Entenbruststreifen und vielerlei anderes verwenden.

SPAGHETTI AGLIO, OLIO E PEPERONCINO

200 g Spaghetti (oder Linguine)
4 Knoblauchzehen
40 ml Weißwein
40 ml Olivenöl
frischer Peperoncino (Chili)
½ Bund Petersilie
Salz
eventuell Bottarga

2 l Nudelwasser zustellen. Wenn es kocht, 2 EL Salz dazu und die Spaghetti einlegen.
30 ml Olivenöl langsam erhitzen, zerkleinerte Peperoncini und in feine Scheiben geschnittenen Knoblauch einlegen. Einmal umrühren, dann mit dem Wein ablöschen. Einige Löffel Kochwasser samt Schaum dazugeben. Hitze auf das Minimum reduzieren. Wenn die Spaghetti bissfest sind, mit einem Siebschöpfer direkt in die Pfanne geben. Geschnittene Petersilie dazu, die Hitze aufs Maximum stellen, durchrühren. Mit ein paar Löffeln Nudelwasser ergänzen. Eventuell nachsalzen.
Auf vorgewärmten Tellern anrichten, mit dem restlichen Olivenöl beträufeln.

Eine wunderbar würzige Zutat ist fein geschnittener Bottarga – nähere Infos zu diesem sardischen „Kaviar des Mittelmeers" auf Seite 12.

LINGUINE MIT OLIVEN

200 g Linguine
80 ml Olivenpaste
2 Knoblauchzehen
12 Oliven
½ Bund Petersilie
eventuell Chiliflocken
Salz
50 g Pecorino oder Parmesan

2 l Nudelwasser zustellen. Wenn es kocht, 2 EL Salz dazu und die Linguine einlegen.
Die Olivenpaste mit dem fein geschnittenen Knoblauch und dem Chili in einer Pfanne kalt verrühren. 3 Minuten, bevor die Linguine al dente sind, die Sauce bei mittlerer Hitze anwärmen, einige Esslöffel vom Nudelwasser darunter rühren. Linguine in die Pfanne geben, durchrühren. Einige Oliven und geschnittene Petersilie dazugeben, eventuell mehr Nudelwasser dazugeben, sodass man eine cremige Sauce bekommt.
Auf vorgewärmten Tellern anrichten, frisch geriebenen Pecorino oder Parmesan dazustellen.

PASTA FRESCA

Das bedeutet eigentlich frisch gemachte Pasta. In vielen Teilen Italiens versteht man darunter aber auch ein Gericht, bei dem die Tomaten beinahe roh verwendet werden – perfekt, wenn sie vollreif sind.

200 g Penne (Mezze maniche, Garganelle, sardische Malloreddus)
300 g Datterini- oder Kirschtomaten
2 EL Kapern
2 Knoblauchzehen
20 ml Olivenöl
viel frisches Basilikum
Chiliflocken
eventuell 20 g Pecorino
Salz

2 l Wasser mit 2 EL Salz aufkochen, die Nudeln einlegen.

Tomaten vierteln. Kalt in einer Pfanne mit Olivenöl, fein geschnittenem Knoblauch, Basilikum, Chili und den Kapern mischen. 2 Minuten, bevor die Nudeln al dente sind, die Pfanne erhitzen, einige Löffel vom Kochwasser dazugeben. Dann die Nudeln mit einem Siebschöpfer zu den Tomaten geben und alles vermengen.

In vorgewärmten Tellern anrichten. Wer mag, kann Pecorino oder anderen Hartkäse darüber hobeln. Das geht auch mit dem Sparschäler sehr gut. Mit einigen Basilikumblättchen garnieren.

PICI MIT MELANZANI-KNOBLAUCH-SAUCE

Pici sind eine köstliche Pasta-Spezialität der Toskana, sie sehen aus wie ganz besonders dicke Spaghetti und eignen sich sehr gut auch für kräftige Saucen.

200 g Pici
300 g Melanzani
3 Knoblauchzehen
40 ml Wermut
40 ml Olivenöl
30 g geriebener Pecorino
½ Bund Petersilie
schwarzer Pfeffer aus der Mühle
Salz

2 l Nudelwasser zustellen. Wenn es kocht, 2 EL Salz dazu und die Pici einlegen. Die meisten Sorten brauchen mehr als 20 Minuten, bis sie al dente sind.
Melanzani in 1 cm große Würfel schneiden, salzen und 15 Minuten stehen lassen. In ein Sieb geben, abtropfen und trocken tupfen. 20 ml Olivenöl in einer hohen Pfanne erhitzen, die Melanzani anbraten. Hitze reduzieren, den fein geschnittenen Knoblauch dazugeben, einmal umrühren und mit Wermut ablöschen. In der Folge immer wieder etwas Nudelwasser dazugeben und umrühren, bis sich die Melanzaniwürfel aufzulösen beginnen. Wenn die Pici bissfest sind, geschnittene Petersilie und Pecorino unter die Melanzani mischen. Die Nudeln mit einem Siebschöpfer dazu in die Pfanne geben, umrühren, eventuell noch etwas Nudelwasser dazugeben. Mit dem restlichen Olivenöl, Pfeffer, eventuell auch Salz, würzen.

Ähnlich einfach entsteht **Pasta mit Zucchini-Creme**: Die Zucchini werden roh zerkleinert und mit Knoblauch, Chili, Olivenöl und Salz mit dem Stabmixer püriert. Gegen Ende der Garzeit der Nudeln wird die Sauce in einer Pfanne angewärmt und mit ein paar Löffeln vom Nudelwasser ergänzt.

PAPPARDELLE MIT BLITZ-RAGOUT

150 g Pappardelle
250 g Hühnerbrust (oder Kaninchenrücken, Schweinsfilet, festes Fischfleisch wie Wels)
12 Datterini-Tomaten
½ Stange Sellerie (100 g)
1 Jungzwiebel
40 ml Olivenöl
1 Zweig Thymian
2 getrocknete Tomaten
eventuell Chiliflocken
Salz
40 g Pecorino

2 l Wasser mit 2 EL Salz zustellen. Die Pappardelle so einlegen, dass sie gleichzeitig mit dem Blitz-Ragout fertig sind (es dauert 6 Minuten).

Olivenöl erhitzen, Thymianzweig, geschnittene Jungzwiebel und in dünne Scheiben geschnittenem Sellerie 1 Minute schwenken. Das in kleine Würfel geschnittene Fleisch 3 Minuten bei großer Hitze mitrösten. Die halbierten Datterini-Tomaten und geschnittene getrocknete Tomaten, eventuell Chiliflocken, dazugeben und 2 Minuten weiterrösten..

Die bissfesten Pappardelle mit einem Siebschöpfer zum Ragout geben, umrühren, mit einigen Löffeln Nudelwasser ergänzen.

Auf vorgewärmten Tellern anrichten, mit Jungzwiebelringen verzieren. Mit Pecorino zum Frisch-darüber-Reiben servieren.

FREGOLA MIT TOMATEN UND ACCIUGHE

100 g Fregola Sarda
10 in Öl eingelegte Sardellen (= Acciughe)
300 ml Tomatensauce (Rezept S. 32 oder Konserve)
8 Datterini- oder Kirschtomaten
1 mittelgroße Zwiebel (100 g)
2 Knoblauchzehen
40 ml Wermut (oder Weißwein)
20 ml Olivenöl
20 g geriebener Pecorino
1 TL Gemüsewürze
1 Zweig Rosmarin
schwarzer Pfeffer aus der Mühle
Salz
6 Basilikumblätter

Zwiebel fein schneiden und in einem Topf mit dem Olivenöl anrösten, ohne dass sie Farbe bekommt. Fein geschnittenen Knoblauch und den Rosmarin dazugeben, einmal umrühren und mit Wermut ablöschen.

Mit Tomatensauce aufgießen. Wenn man eine aus der Konserve nimmt, dann salzen und pfeffern. 350 ml Wasser und Gemüsewürze dazugeben. Wenn alles aufgekocht hat, die Fregola einrühren. Ab und zu umrühren. Legt sich die Fregola an, etwas Wasser aufgießen. Bei kleiner Hitze köcheln, bis sie al dente ist (die Zeit variiert, da sie in unterschiedlicher Größe angeboten wird). Dann die halbierten Sardellenfilets, bis auf zwei, und die geviertelten Datterini daruntermischen. Den Topf von der Hitze nehmen, die Hälfte des Pecorino einrühren. In vorgewärmten tiefen Tellern anrichten, mit Basilikum, dem restlichen Pecorino, jeweils einem Sardellenfilet und etwas Olivenöl dekorieren.

MIRAS NUDELAUFLAUF

Ein „Klassiker" der nichtitalienischen Nudelküche, und die kann auch gut sein. Man kann diesen Auflauf mit allem, was verfügbar ist und was man mag, abwandeln.

100 g Penne
200 g Garnelen ohne Schale
1 kleine Zucchini (150 g)
1 Jungzwiebel
50 g geriebener Hartkäse
150 ml Sauerrahm
2 Eier
40 ml Olivenöl
2 Knoblauchzehen
Chili
Salz

Backrohr auf 160 Grad vorheizen.
2 l Wasser mit 2 EL Salz zustellen, die Nudeln al dente kochen.
20 ml Olivenöl erhitzen, in Scheiben geschnittene Zucchini anrösten, nach 3 Minuten die in Ringe geschnittene Jungzwiebel kurz mitrösten, dann fein geschnittenen Knoblauch dazu, umrühren und die Garnelen dazugeben. 1 Minute rösten (die Garnelen sollen noch nicht durch sein). Danach alles mit den Nudeln mischen.
Eine feuerfeste Form mit Olivenöl bestreichen und die Masse darin verteilen. Sauerrahm, Ei, Salz, Chili versprudeln, die Hälfte des geriebenen Käses daruntermischen und alles über die Nudelmasse gießen. Mit dem restlichen Käse bestreuen. Im Ofen goldgelb backen, das dauert ca. 45 Minuten.

Dieses Gericht eignet sich auch sehr gut für schon gekochte, übrig gebliebene Nudeln.

Meeresfrüchte

/ Es gibt etwas, das Mira immer im Tiefkühler hat: Garnelen. Aus ihnen lassen sich schnell unterschiedlichste Gerichte zaubern, außerdem haben sie auch noch wenig Kalorien. Das empfindet Mira, die ohnehin zu einigen Kilos über dem Normgewicht (was immer das gerade ist) neigt, als angenehmen Nebeneffekt. Tatsache ist aber leider, dass durch die intensive Zucht von Garnelen viele Küsten und alle, die dort leben, extrem geschädigt werden. Außerdem kommt jede Menge Zeug ins Wasser, damit die Garnelen auch dicht an dicht am Leben bleiben. Wir kaufen daher Garnelen in Bio-Qualität oder zumindest solche mit einem Nachhaltigkeits-Siegel. Das ist natürlich nur ein Kompromiss. Umso mehr freuen wir uns am Meer darüber, direkt bei den Fischern einzukaufen.
Verwendet man tiefgefrorene Garnelen (sie sind oft besser als angeblich „frische" von irgendeiner Fischtheke), sollte man sie langsam im Kühlschrank auftauen lassen. Ist dafür keine Zeit, dann bei Zimmertemperatur bloß antauen lassen oder kleine gleich gefroren verwenden. Bei Suppen und Ragouts funktioniert das recht gut.
Es gibt auch Tiefkühl-Garnelen, die schon „vorgekocht" sind. Sie sollte man nur für kalte Gerichte verwenden. Denn am besten schmecken Garnelen, Jakobsmuscheln und Ähnliches, wenn sie innen noch glasig sind. Tintenfische und ihre Verwandten sind da ein Sonderfall: Entweder man gart sie ganz kurz und heiß, oder man muss sie sehr lange kochen, bis sie zart werden. Dazwischen sind sie bestenfalls bissfest, schlechterenfalls wie aus Gummi.
Garnelenschalen wegzuwerfen ist übrigens schade. Bei großer Hitze angeröstet und aufgegossen, wird sehr schnell ein würziger Fond daraus.
Ach ja, und dann ist da noch die Sache mit den Namen: Was sind Garnelen? Was Shrimps? Was Scampi? Zu den „Hummerartigen" gehören alle mit fester Schale und größeren Greifzangen. Dazu zählen neben Hummer und Langusten auch die Scampi. Garnelen hingegen haben eine dünnere weichere Schale und keine ausgeprägten Greifzangen. Große werden oft als Gambas oder Prawns bezeichnet, zu ihnen gehören zum Beispiel aber auch die Nordseekrabben, die eben keine Krabben, sondern eine Garnelenart sind. Shrimps werden in manchen Gegenden eher kleinere Garnelenarten genannt. Alles klar?
Bei den Kopffüßlern ist das etwas einfacher: Grob unterschieden sind Tintenfische die, die einen langen Körper, kurze Tentakel und natürlich diese schwarze Flüssigkeit in sich haben; und zur Gruppe Oktopus gehören alle mit dem kurzen Körper und den langen fleischigen Armen.

CURRY-GARNELEN-SUPPE

400 g Garnelen ohne Schale
1 mehlige Kartoffel (80 g)
200 ml ungesüßte Kokosmilch
2 Knoblauchzehen
20 ml klarer Kokosrum oder Wermut
20 ml Olivenöl
1 TL Gemüsewürze
2 TL Madras-Curry
Chilipulver
Salz
frische Kräuter

Olivenöl in einem Topf erhitzen. Die weniger schöne Hälfte der Garnelen fein schneiden, die geschälte Kartoffel in kleine Würfel schneiden und beides kurz anrösten. Die fein geschnittenen Knoblauchzehen und das Currypulver dazugeben, einmal umrühren. Mit der Kokosmilch ablöschen. Wenn diese kocht, 300 ml Wasser, Gemüsewürze, Chili und Salz dazugeben. Bei geringer Hitze 10 Minuten köcheln lassen. Stabmixen, aufkochen und die schönen Garnelen einlegen. Wenn die Suppe wieder zu kochen beginnt, Kokosrum oder Wermut dazugeben, den zugedeckten Topf von der Hitze nehmen und 3 Minuten ziehen lassen.
In warmen Suppentellern anrichten, mit frischen Kräutern garnieren.

ÜBERBACKENE GARNELEN

8 große Garnelen ohne Schale (400 g)
2 dicke Weißbrotscheiben
100 ml Crème fraîche
Olivenöl
Chilipulver
Salz
grüne Blätter wie Bärlauch, Spinat, Rucola

Den Grill auf das Maximum vorheizen.
Die rohen Garnelen mit Olivenöl einpinseln und auf ein Blech oder eine hitzebeständige Form legen. Crème fraîche mit etwas Chilipulver und Salz verrühren – nicht stabmixen, sonst wird die Masse zu dünn.
Die Garnelen und die Brotscheiben auf beiden Seiten 1 Minute unter dem ganz heißen Grill rösten. Dann das Brot an eine weniger heiße Stelle geben, die Garnelen mit der Crème fraîche überziehen und wieder unter den ganz heißen Grill geben, bis sich einige Stellen zu färben beginnen.
Auf vorgewärmte Teller einige grüne Blätter legen, etwas salzen. Brotscheiben darauf geben und auf dem Brot die überbackenen Garnelen anrichten.

Die Crème fraîche kann man natürlich auf verschiedene Arten würzen. Mira mischt in „Leben lassen" etwas Trüffelpaste dazu.

GARNELEN-„PASSION"

400 g große Garnelen in der Schale
2 Knoblauchzehen
20 g Butter
20 ml Olivenöl
50 ml Cognac oder Brandy
50 ml Passoa (Passionsfruchtlikör)
1 TL Maisstärke (Maizena o. Ä.)
Chilipulver
1 TL gemahlener Piment
Salz

Backrohr auf 220 Grad vorheizen.
Schalen von den Garnelen lösen. Garnelen, wenn notwendig, entdärmen. Eine kleine feuerfeste Form mit 20 ml Olivenöl beträufeln, die Garnelen dicht nebeneinander schlichten und etwas salzen.
In einer Pfanne Butter und Olivenöl erhitzen, die Garnelenschalen anrösten. Knoblauchzehen mit der breiten Seite des Messers andrücken und dazugeben. Mit Cognac ablöschen und mit 200 ml Wasser ergänzen. Wenn sich die Flüssigkeit auf die Hälfte reduziert hat,

Garnelenschalen herausfischen. Den Garnelenfond mit Chili, Piment und Salz würzen, aufkochen. Passoa mit der Maisstärke kalt verrühren, einrühren. Zwei Minuten köcheln lassen. Die Sauce über die Garnelen gießen. 5 Minuten backen, in der Form heiß servieren.

Dazu passt frisches Weißbrot, sehr gut sind auch al dente gekochte Spaghettini, die einfach mit Olivenöl, etwas vom Nudelwasser und Salz gewürzt werden.

KARAMELLISIERTE ZWIEBELCREME MIT GERÄUCHERTEN AUSTERN

1 Dose geräucherte Austern (85 g)
1 große weiße Gemüsezwiebel (200 g)
20 ml Olivenöl
20 g Butter
2 EL Zucker
1 Chilischote
1 Lorbeerblatt
60 ml Weißwein
1 TL Gemüsewürze
20 ml Balsamessig
Salz
20 g Rucola

Weiße Gemüsezwiebel in große Würfel schneiden, in Butter und dem Öl der geräucherten Austern bei mittlerer Hitze anrösten, ohne dass sie Farbe bekommt. Den Zucker und die Chilischote dazugeben, kurz weiterrösten. Mit dem Weißwein ablöschen, 60 ml Wasser, Lorbeerblatt, Salz und Gemüsewürze dazugeben. Die Zwiebeln zugedeckt auf ganz kleiner Flamme 30 Minuten weich kochen. Kurz stabmixen, sodass noch etwas von den Zwiebeln zu sehen ist.
Teller mit Rucola belegen. Darauf die warme Zwiebelcreme, darauf die Austern geben. Mit Olivenöl und Balsamessig verfeinern.

Ganz ähnlich lässt sich auch **Fisch in Agrodolce** zubereiten. Dafür legt man auf die pürierten Zwiebeln große Fischfilet-Würfel und lässt sie bei kleinster Hitze gar ziehen. Traditionell kommt das Gericht für einen oder mehrere Tage in den Kühlschrank und wird danach kalt serviert. Es ist aber auch „frisch" und zimmerwarm sehr gut.

MUSCHELN MIT PASTIS

In „Alles rot", dem Krimi über die Folgen der Wirtschaftskrise, recherchiert Mira in Brüssel – und genießt eine ganz besondere Art, Miesmuscheln zu würzen.

1 kg Miesmuscheln, gut gewaschen
1 mittelgroße Zwiebel (100 g)
100 g Fenchel
2 Knoblauchzehen
160 ml Pastis
40 ml Olivenöl
20 g Butter
1 Bund Petersilie
1 Chili
Salz

Olivenöl in einem Topf, der zumindest 3 l fasst, erhitzen. Fenchel und Zwiebel fein schneiden und glasig anbraten (sie sollen nicht braun werden). Knoblauch dazugeben, ganz kurz durchrühren. Mit 120 ml Pastis aufgießen, kräftig salzen. Deckel schließen. Hitze aufs Maximum. Wenn die Flüssigkeit kocht, die Muscheln einlegen, einmal durchrühren. Deckel schließen. Nach einer Minute die Muscheln wieder rasch durchrühren. Deckel schließen. Nach einer weiteren Minute sollten sich die Muscheln geöffnet haben (wenn nicht, noch einmal durchrühren, Deckel drauf und eine weitere Minute kochen) – sie sind fertig. Hitze abdrehen. Geschnittene Petersilie, restlichen Pastis und Butter einrühren, heiß servieren.

Belgier essen dazu traditionellerweise Pommes frites. Mira und mir ist knuspriges Weißbrot lieber.

TINTENFISCH-„NUDELN“ MIT RADICCHIO

300 g große fleischige Tintenfischtuben
100 g Radicchio
1 Jungzwiebel
40 ml Balsamessig
40 ml Olivenöl
schwarzer Pfeffer aus der Mühle
Salz, Fleur de Sel

2 l Wasser mit 1 EL Salz aufkochen. Die Tintenfischtuben der Länge nach aufschneiden und waschen. Der Länge nach „nudelig“ in möglichst dünne Streifen schneiden.

Den Radicchio in dünne Streifen schneiden. In einer Schüssel mit dem Olivenöl, Balsamessig, in Ringe geschnittener Jungzwiebel und Pfeffer mischen.

Die Tintenfisch-„Nudeln“ 30 Sekunden ins heftig wallende Wasser tauchen. Mit einem Siebschöpfer herausfischen und direkt in die Salatschüssel geben. Durchrühren, mit Fleur de Sel bestreuen und sofort servieren.

SAFRAN-„ZUPPA"

Mit einer mitteleuropäischen Suppe haben die italienischen „Zuppe", wie ja auch die französische Bouillabaisse, wenig zu tun. Sie sind ein oft recht üppiger Hauptgang. Ihre Herstellung ist etwas aufwendiger, wobei man Abweichungen vom Originalrezept in Italien lockerer sieht als in Frankreich.

300 g Garnelen mit Schale
400 g weiße Fischfilets
300 g Miesmuscheln oder Venusmuscheln
1 mittelgroße Zwiebel (100 g)
½ Stange Sellerie
40 ml Brandy, Cognac
60 ml Olivenöl
2 dicke Scheiben Weißbrot (80 g)
3 Knoblauchzehen
grüne Teile von 1 Jungzwiebel
1 EL Gemüsewürze
½ TL Safranfäden
eventuell 1 Chili
Salz

Garnelen schälen und, wenn nötig, entdärmen. Dazu mit einem kleinen Messer oder einer Grätenzange die Garnele in der Mitte des Rückens einritzen, den Darm vorsichtig herausziehen. In einem Topf 40 ml Olivenöl erhitzen, die Garnelenschalen gemeinsam mit der in Würfel geschnittenen Zwiebel anbraten. Mit Brandy ablöschen. Wenn die Flüssigkeit kocht, mit 600 ml Wasser auffüllen. Aus den Fischfilets die schönen Mittelstücke herausschneiden (ca. 200 g) und zur Seite geben. Den restlichen Fisch, Gemüsewürze, Sellerie, Chili und Salz zum Fond geben und 15 Minuten bei kleiner Flamme kochen.

Weißbrot in daumendicke Streifen schneiden. In einer hohen Pfanne oder einem Topf mit 20 ml Olivenöl und den halbierten Knoblauchzehen knusprig braten. Bis auf zwei Brotstücke alle zur Seite geben. Den Fond durch ein feines Sieb seihen, die Hälfte in diese Pfanne gießen und den Safran dazugeben, die andere in einen Topf gießen.

Beide zum Kochen bringen. Die gut geputzten Muscheln in den Topf geben: Deckel drauf, maximale Hitze. Nach einer Minute umrühren, nach einer weiteren Minute sollten sich die meisten Muscheln geöffnet haben. Hitze abdrehen. Zwei Schöpfer vom Muschelfond durch ein Sieb in den Safranfond geben, dann stabmixen. Die in große Stücke geschnittenen Fischfilets und die Garnelen einlegen. Deckel drauf, einmal aufkochen.

Die Zuppa in einer vorgewärmten Schüssel anrichten, darauf die Muscheln und das knusprige Brot legen, mit Jungzwiebelringen bestreuen.

SEAFOOD-CHOWDER

Dieses Gericht verbindet für mich die Karibik mit Toronto. Ernests Tante Hilda hat es dort für uns zubereitet. Und auf St. Kitts war das Conch-Chowder wesentlicher Bestandteil des Valentine's Day Buffets der Sunset Beach Bar. Beides unvergesslich!

100 g geräucherter Lachs oder Lachsforelle samt Haut
200 g Jakobsmuscheln
6 Garnelen
100 g weißes Fischfilet (Scholle, Kabeljau ...)
250 g mehlige Kartoffeln
½ Stange Sellerie (60 g)
2 Jungzwiebeln
2 Knoblauchzehen
20 g Butter
40 ml Sonnenblumenöl
40 ml Wermut
60 ml Crème fraîche
1 EL Gemüsewürze
Chiliflocken
Salz
eventuell Dille

In einem Topf Butter und 20 ml Öl erhitzen, die weißen Teile der Jungzwiebel und den Stangensellerie in Scheiben schneiden und anrösten, ohne dass sie Farbe bekommen, den fein geschnittenen Knoblauch dazugeben, einmal umrühren und mit dem Wermut ablöschen. Mit 300 ml warmem Wasser ergänzen. Salzen, Chiliflocken und Gemüsewürze dazu. Die Kartoffeln in 1 cm große Würfel schneiden und dazugeben. Vom Räucherlachs die Haut abziehen und in die Flüssigkeit geben.
Nach ca. 20 Minuten sind die Kartoffeln weich und der Chowder-Ansatz hat sich eingedickt. Die Fischhaut entfernen.
Die Jakobsmuscheln in 20 ml Öl auf beiden Seiten bei großer Hitze anbraten, sie sollen noch glasig sein.
Garnelen, in Würfel geschnittenen Räucherlachs und rohe weiße Fischfilets in das Chowder geben. Nach dem Aufkochen die Crème fraîche und die in Ringe geschnittenen grünen Teile der Jungzwiebel einrühren. Von der Hitze nehmen und mit den Jakobsmuscheln in vorgewärmten Suppentellern anrichten. Eventuell mit Dille verzieren.

Wichtig ist bei diesem Gericht, die Meerestiere nur ganz kurz im Chowder zu garen – so bleibt alles saftig und behält Farbe und Geschmack.
Wer es mit Oktopus, Tintenfisch oder gar Conch probieren will, der muss im Gegensatz dazu die Mollusken oder Schnecken schneiden, mit dem Grünzeug anbraten, aufgießen und sie im Fond kochen, bis sie weich sind. Dann erst die Kartoffelwürfel dazugeben und so lange weiterkochen, bis das Chowder eingedickt ist.

GARNELEN-COUSCOUS

500 g Garnelen mit Schale
200 g Couscous
60 ml Olivenöl
20 g Butter
2 Jungzwiebeln
1 Knoblauchzehe
100 ml Weißwein
1 Chili
Salz

Garnelen schälen und, wenn nötig, entdärmen. Dafür mit einem kleinen Messer die Garnelen an der Mitte des Rückens einritzen, den Darm vorsichtig herausziehen.
20 ml Olivenöl und die Butter erhitzen, die Garnelenschalen anrösten. Mit dem Weißwein ablöschen, dann mit 400 ml Wasser aufgießen, den Chili dazu, salzen und 10 Minuten kochen. Garnelenfond durch ein Sieb seihen, Schalen gut ausdrücken.
Das obere Drittel der Jungzwiebel in Ringe schneiden und zur Seite geben. Den Rest fein schneiden und in einem Topf mit 20 ml Olivenöl hell anrösten. Das am wenigsten schöne Drittel der Garnelen in kleine Stücke schneiden und mitrösten. Knoblauchzehe fein schneiden, dazugeben, einmal umrühren. Mit dem Garnelenfond (300 ml für 200 g Couscous) aufgießen. 1 Minute verkochen lassen, salzen. Couscous und die meisten Jungzwiebelringe einrühren, aufkochen lassen, danach Hitze abdrehen und zugedeckt am Herdrand 5 Minuten ziehen lassen.
Die Garnelen im restlichen Öl ganz kurz und bei großer Hitze braten, sie sollen innen noch glasig sein. Salzen.
Das cremige Couscous in die Mitte zweier vorgewärmter Teller schöpfen, darauf die Garnelen und die restlichen Jungzwiebelringe legen.

Dieses Rezept kann man auch „rot", also mit Tomaten, zubereiten. Dafür röstet man mit den Garnelenschalen 1 EL Tomatenmark mit und ersetzt die Hälfte des Wassers durch Tomatensauce.
Schnellversion: Man nimmt Garnelen ohne Schale und ersetzt den Garnelenfond durch 100 ml Wein und 200 ml Wasser (oder Tomatensauce) plus 1 EL Gemüsewürze.

Fisch

/ Je näher man dem lebenden Fisch ist, desto besser schmeckt er. Frische zählt bei Fischen viel mehr als raffinierte Zubereitung. Wobei: Selbst Fische brauchen eine gewisse Zeit, bis sie „abgelegen" und optimal zart sind. Das erklärt, warum frisch abgeschlagene Forellen, die sofort in der Pfanne landen, etwas strohig sind. Bei kleinen Fischen dauert dieser „Reife"-Prozess allerdings weniger als eine Stunde.

Mit dem Frische-Grundsatz hat es auch zu tun, dass manchmal sogar gefrorene Fische eher zu empfehlen sind als solche, die erst nach Tagen auf der Fisch-Theke landen. Genau wie bei Garnelen oder Tintenfischen ist es aber jedenfalls wichtig, sie schonend aufzutauen. Am besten geschieht das im Kühlschrank. Auf keinen Fall sollten sie dafür in Wasser gelegt werden, selbst ganz kaltes schwemmt das Aroma davon. Und: wenn es schnell gehen soll, die Fische bloß ein wenig antauen und dann gleich verarbeiten.

Einem Binnenland mit viel Wasser, wie Österreich eines ist, sind die Süßwasserfische näher. Die alten Vorurteile, dass viele dieser Fische „grundeln", also einen gewissen Geschmack nach Erde und Matsch haben, stimmen immer weniger. Inzwischen gibt es viele Züchter, die genau wissen, wie sie das vermeiden. Und große heimische Lachsforellen können es an Geschmack und Konsistenz mit jedem Lachs aufnehmen.

Trotzdem haben Mira und ich bekanntlich einen Drang zum Meer. Und der umfasst auch seine Bewohner. Schon deswegen halten wir uns von Massenzucht-Fischen wie Pangasius fern. Die schwimmen nämlich nicht im Ozean, sondern tümpeln in abgesperrten Dreckslacken – anders kann man das nicht ausdrücken. Von dem, was diese Industrie bei Umwelt und Menschen anrichtet, gar nicht zu reden. Ordentlich betriebene Aquakultur hat damit gar nichts zu tun. Viele Fische werden inzwischen so aufgezogen, auch im Mittelmeer. Das hat unter anderem den Vorteil, dass die Überfischung des offenen Meeres (etwas) verringert wird.

Es gibt freilich auch Fische, bei denen das mit der Frische nicht das Hauptthema ist: die konservierten. In Süditalien, Portugal und Spanien werden eingesalzene und/oder in Öl gelegte Sardellen zur zusätzlichen Würze vieler Gerichte verwendet. Mira und ich lieben sie, das sieht man auch an diesem Kochbuch. Frischer Salat, ein paar in Öl eingelegte Sardellen drauf – und fertig ist eine köstliche Vorspeise. Alici nennt man in Italien übrigens die marinierten Sardellen. Als Acciughe bezeichnet man Sardellen, wenn sie zuerst eingesalzen werden.

NURIAUFSTRICH

Zu einer Zeit, als in Österreich Meeresfische als echte Exoten galten, waren diese pikant eingelegten Dosen-Sardinen bei uns bereits heimisch. Das sieht man daran, dass sie es, zum Aufstrich verarbeitet, selbst auf viele Heurigen-Buffets geschafft haben.

1 Dose Nuri-Sardinen
50 g streichbare Butter oder Halbfett-Butter

Mittelgräten entfernen, danach zimmerwarme Butter mit den Sardinen, dem Öl samt den eingedosten Gemüsestückchen stabmixen.

THUNFISCHSALAT

Den hat es in meiner Kindheit immer am Weihnachtsabend gegeben. Das Rezept ist der guten Erinnerung an diese besonderen Abende in den Siebzigerjahren gewidmet. Und weil wir immer auch an die Zukunft denken sollten: Bitte nur solchen Thunfisch verwenden, der zumindest einen Nachhaltigkeits-Nachweis hat.

120 g eingelegter Thunfisch
4 EL Mayonnaise
1 EL Ketchup
1 EL Cognac
schwarzer Pfeffer aus der Mühle
Salatblätter zum Garnieren

Den Thunfisch in große Stücke teilen. Die restlichen Zutaten miteinander vermischen, dann die Thunfischstücke darunter ziehen.
Jede Portion auf einem knackigen Salatblatt anrichten.

WOLFSBARSCH IN SAOR

250 g Wolfsbarschfilet
1 mittlere Zwiebel (100 g)
40 ml Olivenöl
80 ml Weißwein
20 ml Weißweinessig
etwas Mehl
1 EL Rosinen
1 EL Pinienkerne
1 EL Kapern
1 Lorbeerblatt
schwarzer Pfeffer aus der Mühle
Salz

Die Wolfsbarschfilets auf der bemehlten Hautseite in 40 ml Olivenöl knusprig braten, dann die Hitze abdrehen und die Fische wenden. Nach 5 Minuten in eine Schüssel legen. Die Pfanne mit dem Öl weiterverwenden. Zwiebelringe ½ cm dick schneiden und anbraten, bis sie Farbe bekommen. Mit Weißwein und Essig ablöschen. Lorbeerblatt, Rosinen, Kapern, Pinienkerne, Pfeffer dazu und bei geringer Hitze 10 Minuten köcheln, bis die Zwiebelringe weich sind. Mit Salz abschmecken. Die Zwiebelmarinade über die Wolfsbarschfilets geben. Üblicherweise lässt man Fische in Saor einen Tag im Kühlschrank durchziehen, bevor man sie mit etwas zusätzlichem Olivenöl anrichtet. Wolfsbarsch in Saor schmeckt allerdings auch lauwarm sehr gut.
Klassisch sind im Veneto die **Sarde in Saor,** dafür werden ganze Sardinen oder Sardinenfilets verwendet.

SELBST GEBEIZTES LACHSFORELLENFILET

2 Lachsforellenfilets (je 300 g)
20 ml Salz
20 ml Zucker
10 ml schwarze Pfefferkörner

Die Filets mit der Fleischseite nach oben nebeneinander auf ein Brett legen. Eine kleine Schüssel mit kaltem Wasser bereitstellen. Die Gräten in der Mitte der Filets, am Kopfteil beginnend, zupfen (es gibt sie in fast allen „Filets"!) – man findet sie, indem man mit den Fingern das ehemalige Rückgrat entlangfährt. Die Grätenzange immer wieder ins Wasser tauchen und die Gräten so abstreifen.

Die Fische mit Salz und Zucker bestreuen. Die Pfefferkörner in einer Pfanne ohne Fett erhitzen, bis sie duften und die ersten zu springen beginnen. Noch warm mörsern. Dann über die Filets streuen.

Die beiden Filets Fleischseite auf Fleischseite übereinanderlegen. Mit Klarsichtfolie umwickeln und in ein Gefäß geben, das annähernd die Form der Filets hat (Kasten-Backformen oder lange Aufbewahrungsbehälter). Den eingepackten Fisch beschweren. Flaschen eignen sich dafür ebenso wie Dosen oder auch saubere kleine Hantelscheiben.

In den Kühlschrank geben und nach 24 Stunden den eingepackten Fisch umdrehen. Nach weiteren 24 Stunden ist er durchgebeizt.

Er hält zumindest 1 Woche im Kühlschrank.

Als besonderes Lachs-Frühstück gemeinsam mit Avocado und Weißbrot genießen.

Oder wie im folgenden Rezept anrichten:

KARTOFFEL-SUSHI MIT LACHSFORELLE

250 g gebeiztes Lachsforellenfilet
300 g mehlige Kartoffeln
20 g Salat (z. B. 8 große Endivienblätter)
20 ml Wermut
1 TL süß-scharfe Chilisauce
Salz
30 g Wasabi-Kaviar
Kräuter zum Dekorieren

Die Kartoffeln kochen, schälen, noch warm mit einer Gabel zerdrücken. Wermut, Salz, Chilisauce dazugeben, den klein geschnittenen Salat darunter mengen. Aus der Masse kleine Nocken formen, darauf eine nicht zu dünne Scheibe gebeizte Lachsforelle legen. Mit etwas Wasabi-Kaviar und Kräutern anrichten.

Aus den Endstücken der selbst gebeizten Lachsforelle kann man sehr gut **Lachs-„Tatar"** machen – auch wenn die Bezeichnung nicht ganz passt, weil ja gebeizter Fisch nicht roh ist.
Diese Teile einfach mit einem scharfen Messer möglichst klein schneiden. Mit Limettensaft, Wermut, Salz, ganz fein geschnittenem Ingwer und etwas süß-scharfer Chilisauce vermischen.

SFORNATO VOM ZANDER

„Sfornato" bedeutet gebacken, überbacken. Im Veneto, einer der Sehnsuchtslandschaften von Mira, habe ich viele Arten dieser schnellen und köstlichen Gerichte kennengelernt. Klassischerweise verbindet man Fisch oder Fleisch mit etwas Fruchtigem und einer passenden Käsesorte.

2 Zanderfilets (je 100 g)
50 g Provolone
1 feste Birne
½ Bio-Limette
20 ml Olivenöl
Chilipulver
Salz, Fleur de Sel

Grill aufs Maximum aufheizen.
Limette gut waschen. Eine Hälfte, samt Schale, in ganz dünne Scheiben schneiden. Das Kerngehäuse der Birne ausstechen, danach in Scheiben schneiden. Die Birnen- und Limettenscheiben mit Salz und Chilipulver würzen. Den Provolone in Scheiben schneiden. Ein Backblech mit etwas Olivenöl bestreichen, einige Salzflocken darauf geben. Zanderfilets auflegen, darüber die Birnen und jeweils zwei der Limettenscheiben, darüber den Käse. Überbacken, bis der Käse beginnt, sich goldbraun zu färben. Auf vorgewärmten Tellern anrichten, mit Salzflocken bestreuen und mit den restlichen Limettenscheiben belegen.

SARDINEN IM WEINBLATT

8 Sardinen aus der Dose
8 Scheiben Käse
2 Jungzwiebeln
16 Weinblätter
20 ml Olivenöl
schwarzer Pfeffer aus der Mühle
Fleur de Sel
2 Zitronenscheiben

Backrohr auf 160 Grad vorheizen.
Die meist noch vorhandene Mittelgräte der Sardinen entfernen und sie wieder zusammenklappen.
Entweder Weinblätter in Lake oder ungespritzte frische Weinblätter (für 30 Sekunden in kochendem Salzwasser blanchiert) abtropfen.
Auf je eine Käsescheibe Jungzwiebelringe legen, je eine Sardine darin einwickeln. Pfeffern. Zwei Weinblätter überlappend auflegen (so, dass sie groß genug sind, um damit die Sardine einwickeln zu können). Die Innenseiten der Blätter mit Olivenöl einpinseln. Darauf die eingewickelte Sardine legen. Die Enden der Weinblätter über die Sardine klappen, dann einrollen, sodass ein längliches Päckchen entsteht. Die gefüllten Weinblätter dicht nebeneinander schichten. Mit ein wenig Öl beträufeln, einige Salzflocken darauf, ca. 10 Minuten backen und in der Form, mit Zitronenscheiben garniert, servieren.

SOMMERLICHES THUNFISCHBROT

Das ist eines der typischen Rezepte, die entstehen, wenn Mira aus dem etwas kocht, was da ist. In diesem Fall hat sie Dosenthunfisch und Faschiertes entdeckt – und das berühmte Vitello tonnato abgewandelt …

2 große dicke Scheiben helles Brot
4 Knoblauchzehen
20 ml Olivenöl

FASCHIERTE LAIBCHEN:
250 g Faschiertes
1 Ei
1 EL Ketchup oder Chilisauce
1 EL Senf
3 EL Brösel
schwarzer Pfeffer aus der Mühle
Salz

THUNFISCHSAUCE:
100 g eingelegter Thunfisch
20 ml Olivenöl
1 EL Sardellenpasta
2 EL Kapern
4 EL Mayonnaise
10 ml Brandy
20 ml Mango- oder Passionsfruchtsaft
60 ml Suppe (oder Bratrückstand vom Faschierten + Wasser)
schwarzer Pfeffer aus der Mühle
Salz

Alle Zutaten für die faschierten Laibchen verkneten.
Knoblauchzehen mit der flachen Seite des Messers andrücken, im Olivenöl wärmen. Hitze abdrehen und durchrühren, damit möglichst viel Knoblaucharoma ins Öl kommt. Knoblauch aus der Pfanne nehmen und die Brotscheiben im Olivenöl knusprig rösten. Brotscheiben auf zwei Teller legen, die Teller bei etwa 60 Grad im Backrohr wärmen.
Die Pfanne von den Bröseln befreien, eventuell etwas Olivenöl dazugeben, aus dem Faschierten zwei dünne brotscheibengroße Laibchen formen und sie auf beiden Seiten anbraten.
Für die Thunfischsauce den Thunfisch gut abtropfen, alle Zutaten bis auf 1 EL Kapern stabmixen, die Sauce sollte dickflüssig sein. Wenn sie zu dick ist, noch etwas Flüssigkeit dazugeben.
Je ein warmes faschiertes Laibchen auf eine Brotscheibe legen, mit der Thunfischsauce begießen und servieren. Mit einigen Kapern bestreuen.

Ersetzt man das faschierte Laibchen durch schöne Dosen-Thunfischstücke oder durch eine Scheibe ganz heiß und rasch gebratenen Thunfisch (er soll innen noch roh sein), bekommt man ein „reines" Fischgericht.

SELBST GERÄUCHERTER WELS

Weniger zuzubereiten zahlt sich nicht aus – aber geräucherter Fisch hält im Kühlschrank zumindest einige Tage. Und es geht einfacher und schneller, als man denkt.

2 kg Welsfilet
Räuchermehl
10 Pimentkörner
10 Wacholderkörner

MARINADE:
40 ml Olivenöl
50 g fein geschnittener Ingwer
80 ml süß-scharfe Chilisauce
2 EL Salz
1 EL Zucker

Zutaten der Marinade mischen. Welsfilets damit einreiben und eine Stunde auf einem Gitter bei Zimmertemperatur ziehen lassen – das überschüssige Wasser sollte abtropfen können.
Räucherofen oder Smoker auf 60 Grad vorheizen. Fisch auf den Gitterrosten einlegen. Mit Piment und Wacholder gewürztes Räuchermehl in einer Tasse auf die Hitzequelle stellen. Der Fisch ist fertig, wenn er innen noch glasig ist. Das dauert je nach Dicke der Filets ca. 30 Minuten.

Räucheröfen bekommt man unter anderem in jedem besseren Anglerbedarfsgeschäft. Es gibt auch Smoker, auf denen man grillen und räuchern kann. Man kann aber auch auf allen Holzkohlengrills mit Abdeckung heiß räuchern. Dafür warten, bis die Kohlen durchgeglüht sind und nur mehr glosen. In die Mitte der Tasse mit dem Räuchermehl gibt man eine glühende Kohle. Dann stellt man die Tasse direkt auf die Kohlen. Fisch auf den Grillrost legen, Deckel schließen – schließt er nicht perfekt, ist das genug Luftaustausch. Ansonsten einfach eine Gabel oder einen Zweig einklemmen.

SEELACHSFILET AUF DEM RHABARBERBLATT

1 Seelachsfilet (400 g)
1 großes Rhabarberblatt
½ reife Zitrone
20 ml Olivenöl
Fleur de Sel

Holzkohlengrill (oder Backrohr auf 250 Grad plus Grillfunktion) vorheizen.
Seelachsfilet mit der Zitronenhälfte einreiben, mit Olivenöl bepinseln, salzen. Rhabarberblatt waschen und auf einen Grillrost legen. Das Fischfilet darauf und alles auf den Grill (oder ins Backrohr) geben. Garen, ohne den Fisch zu wenden. Das dauert je nach Hitze und Dicke der Filets zwischen 5 und 10 Minuten.

Natürlich kann man für dieses Gericht auch andere Fischfilets verwenden. Seelachs hat große Filets – und er ist eine der Fischsorten, von denen es (offenbar) noch genug gibt. Er zerfällt aber leicht. Auf dem Rhabarberblatt hat er einen festen Untergrund, der auch noch fein-säuerlichen Geschmack abgibt.
Mira bereitet ein ähnliches Gericht auf einem Bananenblatt zu. Ab und zu gibt es auf Märkten welche zu kaufen – jedenfalls gut waschen!

KABELJAU MIT ZITRONENÖL

300 g Kabeljaufilet (oder andere Fischfilets wie Wolfsbarsch, Zander, Brassen)
etwas Mehl
20 ml Olivenöl
Fleur de Sel
Kräuter zum Dekorieren

ZITRONENÖL:
60 ml Zitronensaft
1 TL Zucker
Olivenöl
Salz

Für das **Zitronenöl** den Saft in ein hohes schmales Gefäß geben, mit Zucker und Salz würzen. Mit dem Stabmixer nach und nach so viel Olivenöl einschlagen, dass eine cremige Emulsion entsteht. Bleibt Zitronenöl übrig, hält es lange im Kühlschrank. Sollte es die Bindung verlieren, einfach noch einmal kalt stabmixen.

Fischfilets auf der Hautseite mit ein wenig Mehl bestäuben. Dann auf dieser Seite in Olivenöl knusprig braten. Hitze abdrehen und die Fische erst jetzt umdrehen. 3 Minuten ziehen lassen. Sie sollten innen glasig und saftig bleiben.
Auf vorgewärmte Teller legen, etwas vom Zitronenöl darüber träufeln, mit Fleur de Sel bestreuen. Mit frischen Kräutern verzieren.
Mit Brot servieren oder auf Kartoffelschnee (Rezept S. 105) anrichten.

POELIERTER LACHS IN ROTWEIN

300 g Lachsfilet oder Lachsforellenfilet
100 ml Rotwein
20 g Butter
40 ml Olivenöl
1 Chili
1 Sternanis
Fleur de Sel
2 Zweige Dillkraut
Zitronenscheiben

In eine Pfanne mit hohem Rand Rotwein gießen und mit Butter, Olivenöl, etwas Salz, Chili und Sternanis erhitzen.
Dem Lachsfilet die Haut abziehen, Gräten zupfen wie im Rezept auf S. 144 beschrieben. Das Filet in vier Teile schneiden. Wenn der Wein aufkocht, Hitze aufs Minimum reduzieren. Beim Poelieren darf die Flüssigkeit nicht kochen, sondern nur leicht perlen. Fischstücke einlegen, mit einem passenden Deckel oder Teller beschweren. Pfanne zudecken und 2 Minuten garen. Dann ist der Lachs innen noch fast roh und außen zart. Am Herdrand 5 Minuten ziehen lassen.
Entweder mit Brot oder auf Nudeln servieren. Dafür 2 l Nudelwasser mit 2 EL Salz zum Kochen bringen. 200 g Papardelle einlegen und bissfest kochen. In einer Pfanne Butter und Olivenöl schmelzen, mit einigen Esslöffeln vom Nudelwasser ergänzen, die Nudeln mit einem Siebschöpfer dazugeben und schwenken. Lachsfilets auf die Nudeln setzen, mit etwas Rotweinfond begießen. Mit Fleur de Sel salzen.

Fein ist dieses Gericht auch als **gelierter Lachs**. Dazu verrührt man ½ TL Agar-Agar mit etwas kaltem Rotwein und gibt das zum kochenden Fond. Den Fisch samt Fond warm in einen tiefen Teller oder eine Schüssel geben und im Kühlschrank stocken lassen.
Mit Dille und Zitronenscheiben anrichten.

WOLFSBARSCH MIT ZITRONENPFEFFER AUF FENCHELSALAT

Der Clou an diesem Gericht ist der geröstete, gemörserte Pfeffer, der dann mit Salzflocken und Zitrone verbunden wird. Ich habe das in Vietnam lieben gelernt. Dort also, wo der Pfeffer wächst.

2 Wolfsbarschfilets (250 g)
20 ml Olivenöl
20 ml Zitronensaft
1 EL schwarze Pfefferkörner
1 TL Fleur de Sel

FENCHELSALAT:
1 Fenchelknolle (300 g)
1 Bio-Orange
40 ml Olivenöl
2 TL Kapern
frischer Chili
1 TL Salz

Für den **Fenchelsalat** die Orange samt der Schale in 8 Spalten teilen und diese in dünne Stücke schneiden. Den Fenchel am besten auf der Schneidemaschine hauchdünn schneiden. Mit Salz, Olivenöl, fein geschnittenem Chili, Kapern und den Orangenstücken marinieren. Bei Zimmertemperatur eine Stunde ziehen lassen.

Die schwarzen Pfefferkörner trocken in der Pfanne rösten. Wenn die Körner zu springen beginnen und duften, sind sie fertig. Warm mörsern, mit Fleur de Sel und dem Zitronensaft mischen. Die Fischfilets damit einreiben.
Die Fischfilets in einer Pfanne mit dem Olivenöl auf der Hautseite anbraten. Hitze abdrehen, wenden und am Herdrand einige Minuten glasig ziehen lassen.
Den abgetropften Fenchelsalat auf zwei Teller häufen, darauf das warme Fischfilet legen.

STEINBUTT AUS DEM OFEN

Meine liebste Schwester Elisabeth hat viele Talente – spät, aber doch, hat sie auch das Kochen für sich (und ihren Georg) entdeckt. Ihr Steinbutt zählt inzwischen zu unseren absoluten Lieblingsspeisen.

1 Steinbutt (700 g)
60 ml Olivenöl
300 g kleine festkochende Kartoffeln
2 Zweige Rosmarin
Fleur de Sel

Backrohr auf 250 Grad vorheizen.
Die Hälfte des Olivenöls auf ein tiefes Backblech geben. Den Steinbutt kalt abspülen und mit dem Rosmarin darauf legen. Rundherum geschälte kleine Kartoffeln verteilen. Alles mit Fleur de Sel bestreuen.
15 Minuten im Ofen backen, mit dem restlichen Olivenöl beträufeln und am besten im Ganzen auf einer Warmhalteplatte servieren.

Huhn + Fasan + Ente

/ Eine kräftige Hühnersuppe kann Tote wieder lebendig machen – heißt es zumindest. Das ist in den Mira-Valensky-Krimis zwar noch nie gelungen, ihr Duft zieht sich trotzdem durch viele Bücher. Wir sind ihm in Vietnam begegnet, auf winzigen Stühlchen haben wir in einem Hinterzimmer würzigsten Fond mit ganz weich gekochten kleinen Hühnern genossen. Dass die zuerst in Coladosen fermentiert wurden, war nur mehr ein Hauch zusätzliches Abenteuer.

Die fleischigen, richtig großen Hühner bekommt Mira in „Unterm Messer" aus der Steiermark – dubiose Typen aus Südamerika und ein ganz besonderer Chocolatier inspirieren sie zu einem mexikanischen Gericht: Huhn mit Mole, also in pikanter Schokosauce. Egal, ob man es asiatisch, südamerikanisch oder mitteleuropäisch zubereitet: Das Wichtigste bei Hühnergerichten ist – erraten! – das Huhn. Leider gibt's in unseren Supermärkten noch immer viele dieser traurigen Hühnerleichen, schnell und ohne Auslauf gemästet, zart, weil sie sich nie bewegen konnten, aber auch ohne Aroma. Dass ordentlich aufgezogene Hühner deutlich mehr kosten, ist klar. Man gibt ihnen Zeit, Platz, gutes Futter und hoffentlich auch ein bisschen Zuneigung.

Mein Credo: lieber seltener, aber dafür gutes Huhn essen. Und übrigens: Auch aus älteren und alten Hühnern kann man wunderbare Gerichte zaubern. Gerade aus „gereiften" Vögeln wird das beste Paprikahendl. Man muss es bloß ausreichend lang kochen. Ähnlich ist das bei der Zubereitung von Fasan. Der Trick dabei: Die Brust wird extra verarbeitet. Aber das gilt eigentlich für alle Geflügelsorten zwischen Wachtel und Truthahn: Das Brustfleisch ist zart und sollte nicht zu lange gegart werden, sonst wird es trocken. Hühnerhaxen brauchen länger – trotzdem besser, man lässt sie nicht zu lange und zu heftig kochen oder braten. So bleiben sie saftig. Während, und jetzt sind wir wieder bei der heilenden Suppe, dem Rest einfach Zeit gegeben werden sollte, um sein unvergleichliches Aroma zu entfalten. Ich koche hie und da einfach einen großen Topf Hühnersuppe und friere das meiste in kleinen Portionen ein. Egal ob Risotto, Eintopfgerichte oder Gemüseragouts: Hühnersuppe gibt allem das bisschen Geschmack mehr.

HÜHNERSUPPE

1 großes Huhn (mindestens 1½ kg)
3 Karotten (200 g)
2 gelbe Rüben (200 g)
200 g Knollensellerie
2 mittelgroße Zwiebeln (200 g)
2 Jungzwiebeln
½ Bund Petersilie
1 EL schwarze Pfefferkörner
1 TL Pimentkörner
1 TL Korianderkörner
1 Sternanis
1 EL Salz

Für diese Hühnersuppe ist es besser, ein älteres Huhn zu verwenden – nur bekommt man das leider gar nicht so einfach. Jedenfalls aber braucht man eines, das viel Fleisch und auch ein bisschen Fett hat.

Die Hühnerbrüste und die Hühnerkeulen vom Huhn schneiden. Wenn man dabei nicht viel Übung hat, macht es nichts. Es muss nicht so genau sein, es geht nur darum, die zarteren Fleischteile nicht zu überkochen.

Den Rest des Huhns in einen Topf geben und mit kaltem Wasser bedecken. Darauf achten, dass der Topf jetzt erst halb voll ist. Hitze aufs Maximum. Petersilie im Ganzen, Sternanis, Salz dazugeben. Zwiebeln mit der Schale halbieren und auch dazugeben. Karotten, gelbe Rüben, Sellerie schälen und die Schalen zum Fond geben. Sollte es zufällig noch Reste von Lauch, Fenchel, Stangensellerie geben, einfach dazu in den Topf!

Wenn der Fond aufkocht, Hitze aufs Minimum reduzieren und den Schaum abschöpfen (in der Kochsprache heißt das „degraissieren"). Wenn kaum mehr Schaum hochsteigt, dann Piment, Koriander und Pfeffer dazugeben.

Zwei Stunden köcheln lassen. Danach die Hühnerkeulen und die Karotten, die gelben Rüben und das in zwei Teile geschnittene Stück Sellerie einlegen. Das Gemüse 15 Minuten, nachdem alles aufgekocht hat, wieder herausfischen. Es ist jetzt gegart, hat aber noch Biss. Eine halbe Stunde später die Hühnerbrüste dazugeben. Noch 30 Minuten köcheln lassen, dann Hühnerkeulen und -brüste herausfischen, die Keulen heiß entbeinen und die Knochen noch einmal in die Suppe geben. Nach 10 Minuten die Suppe kosten und eventuell nachsalzen. Die Hitze abdrehen. Die Suppe durch ein feines Sieb seihen.

In der klassischen klaren Hühnersuppe schwimmen neben Hühnerfleisch auch Scheiben von der Karotte und der gelben Rübe und ein paar Jungzwiebelringe. Mit zusätzlichen Nudeln wird schon fast ein Hauptgang daraus.

Mira verbindet in „Millionenkochen" eine intensive klare Hühnersuppe mit etwas trockenem Sherry, als Einlage gibt's bloß kleine Stücke vom gekochten Huhn. Nicht nur Oskar mag das.

Das übrige gekochte Hühnerfleisch lässt sich sehr gut kalt aufschneiden (zum Beispiel mit Hoisin-Sauce, Rezept S. 70, servieren) oder für Salate verwenden.
Oder man dreht das Verhältnis um und bringt viel Fleisch in etwas Suppe heiß auf den Tisch. Mit entsprechenden Gewürzen wird eine vietnamesische Köstlichkeit daraus – siehe Rezept S. 162.

GETRÜFFELTE HÜHNERLEBER-BRUSCHETTE

300 g Hühnerleber
2 dicke Scheiben Weißbrot
2 Jungzwiebeln
1 Knoblauchzehe
2 EL Trüffelpasta
40 ml Cognac oder Brandy
20 g Butter
20 ml Olivenöl
1 Zweig Rosmarin
schwarzer Pfeffer aus der Mühle
Salz
Petersilie

Die Leber von Häutchen und Sehnen befreien und in kleine Stücke schneiden. Jungzwiebeln in Ringe schneiden und mit dem Rosmarin in Butter und Öl anschwitzen, ohne dass sie Farbe bekommen. Die Leber dazugeben und 3 Minuten mitrösten. Danach den fein geschnittenen Knoblauch dazugeben, einmal umrühren und alles mit Cognac ablöschen. Hitze abdrehen. Rosmarin entfernen, salzen, pfeffern und die Trüffelpaste dazugeben.
Das Brot toasten und die getrüffelte Hühnerleber warm darauf verteilen. Mit etwas Petersilie dekorieren.
Man kann diese Hühnerleber auch kalt stellen und sie später als Crostini-Belag verwenden.

HÜHNERHERZEN MIT THYMIAN

300 g Hühnerherzen
1 mittelgroße Zwiebel (100 g)
2 Knoblauchzehen
40 ml Süßwein
20 ml Olivenöl
500 ml Hühnersuppe
4 Thymianzweige
1 frischer Chili
Salz

Zwiebel fein schneiden und in Olivenöl hell anrösten. Hühnerherzen der Länge nach halbieren. Mit 2 Thymianzweigen dazugeben, weiterrösten. Fein blättrig geschnittenen Knoblauch und den Chili dazu, einmal umrühren. Mit Süßwein ablöschen. 2 Minuten kochen lassen, dann die Hühnersuppe dazugeben. Ganz langsam zugedeckt köcheln lassen, bis die halben Hühnerherzen fast zerfallen und nur mehr wenig Flüssigkeit im Topf ist. Das dauert zumindest 1 Stunde.
In vorgewärmten kleinen Schüsseln anrichten, mit einem Thymianzweig garnieren.

Gemischt mit al dente gekochten Tagliatelle wird aus dem Hühnerherzen-Ragout ein typisches Gericht der venetischen Landküche.

HÜHNERLAIBCHEN MIT SAFRAN-KARTOFFEL-CREME

300 g faschiertes Hühnerfleisch
1 Scheibe Toastbrot
½ Bund Petersilie
1 Ei
1 EL Chilisauce (oder Ketchup)
30 ml Olivenöl
1 TL gemahlener Piment
1 TL gemahlener Koriander
Salz

SAFRANCREME:
100 g mehlige Kartoffel
1 Knoblauchzehe
100 ml Weißwein
20 ml Sonnenblumenöl
1 TL Gemüsewürze
1 Päckchen gemahlener Safran
Chilipulver
Salz
eventuell Obers oder Crème fraîche

Für die **Safrancreme** die geschälte Kartoffel in kleine Würfel schneiden und kurz in einem Topf mit dem Sonnenblumenöl anschwitzen. Fein geschnittenen Knoblauch dazu, einmal umrühren und mit Weißwein ablöschen. Mit 300 ml Wasser ergänzen, mit Safran, Gemüsewürze, einer Prise Chilipulver und Salz würzen. Nach ca. 20 Minuten sind die Kartoffelstückchen ganz weich. Mit dem Schneebesen verrühren. Eventuell noch etwas Obers oder Crème fraîche daruntermischen.

Für die **Hühnerlaibchen** das Toastbrot in kleine Stück zupfen, die Petersilie fein schneiden. Alle Zutaten in einer Schüssel mischen und gut durchkneten, kleine Laibchen formen. In Olivenöl bei mittlerer Hitze auf beiden Seiten braten. Die Hühnerlaibchen auf der Safrancreme anrichten, mit etwas Petersilie dekorieren.

ROSMARIN-HENDLHAXEN MIT GEBRATENEN KARTOFFELN

2 Hühnerkeulen (je 250 g)
400 g kleine festkochende Kartoffeln (Heurige)
10 ml Zitronensaft
40 ml Olivenöl
40 ml Weißwein oder Suppe
1 großer Zweig Rosmarin
schwarzer Pfeffer aus der Mühle
2 TL Fleur de Sel

Backrohr auf 220 Grad vorheizen.
Rosmarinnadeln auf ein Schneidbrett zupfen, mit etwas Olivenöl beträufeln, fein schneiden (durch das Olivenöl bleibt das Rosmarin-Aroma intensiver) und mit Fleur de Sel, 20 ml Olivenöl, Zitronensaft und Pfeffer mischen. Die Hühnerkeulen mit dieser Marinade einreiben und ½ Stunde bei Zimmertemperatur ziehen lassen.
In eine Ofenform mit gut schließendem Deckel 20 ml Olivenöl geben, darauf die geschälten und mit 1 TL Fleur de Sel gesalzenen Kartoffeln, darauf die Hendlhaxen legen. Offen 15 Minuten garen, danach mit Wein oder Suppe ablöschen, zudecken, die Hitze auf 160 Grad reduzieren und 45 Minuten weiterbacken.
In der Form heiß servieren.

MINUTEN-HUHN MIT KURKUMA UND ZITRONE

2 Hühnerbrüste (je 200 g)
½ Zitrone
20 ml hitzebeständiges Öl
10 ml Olivenöl
2 TL gemahlene Kurkuma
Räuchersalz

Hühnerbrustfilets der Länge nach so dünn wie möglich in große „Schnitzel"-Teile schneiden, vorsichtig noch dünner klopfen. Mit der halbierten Zitrone einreiben, mit etwas Olivenöl, Kurkuma und Räuchersalz marinieren. Am Holzofengrill oder ersatzweise in der heißen Pfanne mit hitzebeständigem Öl auf beiden Seiten 1 Minute braten, mit Olivenöl würzen. Sofort servieren.

Auf diese Art bleibt Hühnerbrust besonders saftig. Natürlich kann man die dünnen Teile statt mit Kurkuma auch mit anderen hitzebeständigen Gewürzen oder zum Beispiel Rosmarin oder geschnittenem Bärlauch marinieren. Dazu passen unter anderem die würzigen Kartoffelwürfel (Rezept S. 102).

GEKOCHTES HUHN MIT INGWER

In „Fadenkreuz" verwendet Vui für dieses klassisch vietnamesische Gericht ein ganzes Huhn – in die Mitte gestellt, ist es ein eindrucksvolles Festessen für mehrere Personen. Aber es gibt auch eine Version für zwei.

500 ml Hühnersuppe
2 große Hühnerbrüste (je 200 g)
1 Jungzwiebel
30 g Ingwer
30 g Zitronengras
1 frischer Chili
1 Sternanis
1 TL gemahlener Koriander
1 kleine Zimtstange
1 Zweig Thymian
20 ml vietnamesische Fischsauce
½ Bio-Zitrone
Petersilie
(vietnamesischer) Koriander

Hühnersuppe aufkochen, Jungzwiebel in Ringe schneiden und einige zur Seite geben. Ingwer, Zitronengras und Chili fein schneiden. Alle Gewürze und die Fischsauce zur Suppe geben. Die Hühnerbrüste einlegen. Wenn die Suppe kocht, die Hitze aufs Minimum reduzieren und die Hühnerbrüste 30 Minuten gar ziehen lassen. Die Zitrone samt Schale in Scheiben schneiden und dazugeben, die Hitze abdrehen. Die Hühnerbrüste in vorgewärmte tiefe Teller legen und mit der Gewürzsuppe begießen. Mit Jungzwiebelringen, Petersilie, (vietnamesischem) Koriander bestreuen.

PAPRIKAHUHN

Ich habe es am Tag einer (coronabedingten) Online-Lesung der Bücherei Passail zubereitet. Nach ½ Stunde Kochzeit bin ich in meinen Arbeitswintergarten, um aus „Heißzeit 51" zu lesen. Es wurde eine feine Veranstaltung, per Zoom konnten die Zuhörerinnen sogar Fragen stellen. Danach bin ich zurück an den Herd. Nach einer weiteren ½ Stunde war das Paprikahuhn perfekt. Ich werde das Gericht wohl immer mit der schönen Erfahrung verbinden, was in dieser herausfordernden Zeit mit fröhlichem Engagement und Solidarität trotz allem möglich war.
Eigentlich verwendet man für dieses Gericht ein ganzes, schon älteres Huhn, das samt Knochen in Teile geschnitten wird. Da (seltsamerweise) alte Hühner schwer zu bekommen sind, hier die NO-STRESS-Version für zwei.

2 Keulen vom Freilandhuhn (je 250 g)
1 große Zwiebel (150 g)
2 Knoblauchzehen
1 EL Tomatenmark
1 EL Mehl
40 ml Weißwein
20 ml Sonnenblumenöl
400 ml Hühnersuppe (oder Wasser + 1 EL Gemüsewürze)
2 EL Paprikapulver (edelsüß oder scharf)
Salz

Hühnerkeulen in Ober- und Unterkeulen teilen. In einem Topf das Öl erhitzen, würfelig geschnittene Zwiebel anbraten. Wenn sie schon Farbe bekommt, fein geschnittenen Knoblauch dazugeben, einmal umrühren. Dann Tomatenmark und Mehl unterrühren. Anschließend Paprikapulver dazugeben, einmal umrühren und sofort mit dem Weißwein ablöschen (sonst wird der Paprika bitter). Mit der Hühnersuppe (oder 400 ml Wasser plus Gemüsewürze und Salz) auffüllen. Wenn die Flüssigkeit kocht, die Hühnerteile einlegen. Die Flüssigkeit sollte sie gerade bedecken. Bei geringer Hitze 1 Stunde köcheln lassen. Verwendet man ältere oder größere Hühner, noch ½ Stunde zugeben. Das Fleisch sollte ganz weich sein. Mit Salz abschmecken.
Auf vorgewärmten tiefen Tellern anrichten, die Sauce noch einmal durchrühren (eventuell stabmixen, es nicht zu tun ist aber „originaler") und über die Hühnerteile geben. Dazu passen zum Beispiel **Hokkaido-Gnocchi** (Rezept S. 27).

STEIRISCH-MEXIKANISCHES HUHN MIT SCHOKOLADE

„Mole", also einfach „Masse", nennt man in Mexiko die legendäre pikante Sauce mit viel Schokolade, die es zum Huhn gibt. Als Mira in „Unterm Messer" in der Steiermark seltsamen Vorgängen in einer Schönheitsklinik nachgeht, inspiriert sie der großartige Chocolatier Josef Zotter zu diesem besonderen Gericht.

1 Sulmtaler Huhn (2 kg oder mehr)
20 ml Sonnenblumenöl
3 Karotten (200 g)
1 große Zwiebel (120 g)
1 EL Pimentkörner
1 EL schwarze Pfefferkörner

MOLE:
20 g Schweineschmalz (oder Butter)
80 g Schokolade 100%
250 ml enthäutete, entkernte Tomaten (frisch oder Konserve)
500 ml Hühnerfond
1 große mittlere Zwiebel (120 g)
6 Knoblauchzehen
10 ml Limettensaft
1–3 scharfe Chilischoten
1 roter Paprika (100 g)
2 EL Sesamkörner
3 EL Erdnüsse oder Mandeln
1 EL schwarze Pfefferkörner
2 TL Pimentkörner
1 TL Anissamen
5 Gewürznelken
Salz

Brust, Oberkeulen, Unterkeulen auslösen und zur Seite geben.
Karkasse mit Wasser bedecken, mit einer halbierten Zwiebel, Karotten, Pfefferkörnern, Pimentkörnern und Salz zustellen und 2 Stunden köcheln lassen. Danach die Hühnerteile dazugeben und 30 Minuten bei ganz kleiner Hitze mitkochen. Wieder entfernen und abtropfen, den Fond durch ein feines Sieb seihen.
Schweineschmalz in eine tiefe Pfanne oder einen Topf geben und die in Würfel geschnittenen Zwiebeln anrösten. Chili und Paprika in Streifen schneiden und dazugeben, mitrösten. Dann den grob geschnittenen Knoblauch und den Sesam dazu. Die Tomatenstücke einrühren und die Hitze aufs Minimum reduzieren.
Mandeln (oder Erdnüsse), Nelken, Piment, Pfefferkörner und Anissamen ohne Fett in einer Pfanne anrösten, noch warm in einem Steinmörser mahlen und zur Sauce geben. Umrühren, mit dem Hühnerfond aufgießen. Wenn die Sauce kocht, die Hitze abdrehen. Limettensaft und in Stücke geteilte Schokolade dazugeben und rühren, bis sich die Schokolade aufgelöst hat. Klassisch wird diese Sauce nicht gemixt.
Die vorgekochten Hühnerteile in Sonnenblumenöl anbraten. In die Sauce geben und bei minimaler Hitze ½ Stunde gar ziehen lassen. Evenuell nachsalzen.
In einer vorgewärmten Schüssel oder gleich im Topf gemeinsam mit Maisbrot oder Weißbrot servieren.

FASAN IN ZWEI GÄNGEN

Das habe ich bei einem meiner ersten Male in Buchingers „Gasthaus Zur Alten Schule" gegessen – damals noch als Gast. Ich war fasziniert und hätte mir nicht träumen lassen, bei ihm irgendwann selbst in der Küche zu stehen.

DIE VORBEREITUNG:

1 Fasan
1 EL Madras-Curry
2 EL karibischer Rum

Fasan zerteilen oder zerteilen lassen. Die Karkassen (das Knochengerüst), die ausgelösten Oberkeulen, die Unterkeulen mit Bein und die Brüste sollten extra sein. Fasanenbrüste mit Curry und Rum marinieren und bei Zimmertemperatur unter Frischhaltefolie 1–3 Stunden ziehen lassen.

KRAFTSUPPE VOM FASAN

Karkassen, Knochen, Abschnitte von 1 Fasan
2 Unterkeulen vom Fasan samt Knochen
2 entbeinte Oberkeulen
1 Karotte (100 g)
1 gelbe Rübe (100 g)
1 mittlere Zwiebel (100 g)
½ Selleriestange
100 ml Sherry
40 ml Sonnenblumenöl
10 Pfefferkörner
8 Pimentkörner
4 Wacholderkörner
schwarzer Pfeffer aus der Mühle
Salz

Karkassen, Knochen, Abschnitte in einem großen Topf mit Sonnenblumenöl anrösten. Gemüse schälen. Zwiebel grob schneiden und mitrösten. Mit 40 ml Sherry ablöschen und mit so viel Wasser aufgießen, dass es die Knochen 5 cm bedeckt. Die Schalen der Wurzelgemüse und die Gewürze dazugeben.
Wenn die Suppe kocht, Karotte und gelbe Rübe einlegen und ca. 15 Minuten auf kleiner Flamme mitkochen, bis sie nicht mehr roh, aber noch bissfest sind. Danach zur Seite geben, die beiden Unterkeulen und die beiden entbeinten Oberkeulen einlegen und in der Suppe auf ganz kleiner Flamme köcheln lassen. Zwischendurch eventuell mit Wasser ergänzen, sodass das Fleisch immer mit Flüssigkeit bedeckt ist.
Nach etwa 2 Stunden die weichen Keulen zur Seite geben, die Suppe durch ein feines Sieb seihen. 400 ml noch einmal zum Kochen bringen, 300 ml für die Linsen zur Seite geben – reicht die Suppe nicht aus, dann die Menge für die Linsen mit etwas Wasser ergänzen.

ESTRAGON-DIPPINGSAUCE:
4 ml Olivenöl
2 EL Estragon-Senf
viel fein geschnittener frischer Estragon
2 EL Crème fraîche
Salz

Das Fleisch der Oberkeulen in einige Stücke schneiden und auf einen Spieß stecken. Gemeinsam mit den Unterkeulen, in Scheiben geschnittenem Wurzelgemüse und Stangensellerie in die Suppe geben, aufkochen. Den restlichen Sherry dazugeben und die Kraftsuppe in vorgewärmten Tellern anrichten. Fasanenunterkeulen und die Spieße der Oberkeulen halb in die Suppe legen. Die Zutaten der Dippingsauce stabmixen und diese in kleinen Schüsseln dazustellen. So kann man die Keulen quasi als pikante Beilage zur Suppe in die Sauce dippen.

FASANENBRUST MIT CURRY UND LARDO AUF ROTEN LINSEN

2 marinierte Fasanenbrüste
20 ml hitzebeständiges Öl
10 ml natives Sonnenblumenöl
2 Scheiben Lardo

ROTE LINSEN:
100 g rote Spaltlinsen
1 mittelgroße Zwiebel (100 g)
20 g Butter
2 Knoblauchzehen
1 TL Mehl
40 ml Weißwein
300 ml Fasanensuppe
1 TL gemahlenen Koriander
Salz

Backrohr und eine kleine Ofenform auf 70 Grad vorheizen.

Die marinierten Fasanenbrüste im Öl bei großer Hitze auf beiden Seiten anbraten. Danach mit dem Sonnenblumenöl beträufeln und 30 Minuten im Rohr ziehen lassen.

Fein geschnittene Zwiebel in Butter hell anschwitzen, fein geschnittenen Knoblauch und Linsen einrühren, Koriander dazugeben, mit dem Mehl bestäuben und mit dem Wein ablöschen. Mit Fasanensuppe aufgießen, umrühren. Linsen bei ganz kleiner Flamme quellen lassen, bei Spaltlinsen dauert das zwischen 5 und 15 Minuten. Danach mit Salz abschmecken.

Die roten Linsen in der Mitte von vorgewärmten Tellern anrichten, darauf die Fasanenbrust setzen und mit kaltem Lardo belegen.

ROSA GEBRATENE ENTENBRUST

2 Entenbrüste
1 Bio-Orange
30 ml Sonnenblumenöl
1 TL grob gemahlener schwarzer Pfeffer
2 Rosmarinzweige
1 TL Fleur de Sel

Backrohr mit einer passenden Ofenform auf 75 Grad vorheizen.
Die Haut der Entenbrust zuerst der Länge nach, dann quer jeden Zentimeter einschneiden. Die Haut der Orange mit einem Sparschäler schälen (wenn ein wenig vom Weißen dabei ist, macht das nichts). Die Orange auspressen. Die Hälfte der Schale möglichst fein schneiden und dann mit Pfeffer, 1 TL Fleur de Sel und 10 ml Öl mischen. Damit die Fleischseiten der Entenbrüste marinieren.
20 ml Öl in einer Pfanne erhitzen, die Entenbrüste auf der Hautseite bei mittlerer Hitze anbraten, bis die Haut goldgelb und knusprig ist. Danach umdrehen, den Saft der Orange dazugeben und 2 Minuten auf der Fleischseite braten. Die Entenbrüste mit der Hautseite nach oben im Rohr 30 Minuten (oder länger – je länger, desto weniger „rosa" sind sie) gemeinsam mit den Rosmarinzweigen gar ziehen lassen. Mit einigen Salzflocken bestreuen.
Möglichst dünn der Länge nach aufschneiden.

Sehr gut passt dazu **gebackener Kürbis**. Dafür feste Kürbissorten in 1 cm dicke Scheiben schneiden, mit Salz und Piment würzen. In etwas Olivenöl auf beiden Seiten bei geringer Hitze goldbraun braten. In die Ofenform unter die Entenbrüste geben und mit ihnen gemeinsam im Rohr durchziehen lassen.

Eine besondere Note bekommt die Entenbrust, wenn man sie am Grill räuchert:

ENTENBRUST MIT ORANGE IM ZIMTRAUCH

Entenbrüste gleich vorbereiten. Das Salz durch Räuchersalz ersetzen.

Holzchips und eine Stange Zimt eine halbe Stunde in Wasser einweichen. Dann das Wasser abtropfen. Die Grillkohle durchglühen lassen, bis sie den Hitzehöhepunkt überschritten hat. Die Schüssel mit dem Räucherwerk in die noch glühenden Kohlen stellen, eine glühende Kohle direkt in die Schale legen. Entenbrust auf den Grillrost legen. Deckel des Grills beinahe schließen (wenn es keine Lüftungsfunktion gibt, dann einfach einen Metallstab oder Ähnliches einklemmen), je nach Hitze und Größe der Brust 30–60 Minuten räuchern.

ENTE „OHNE BAANA", EIN BISSL EXOTISCH

Dieses Gericht bereitet Mira für Oskar in „Evelyns Fall" zu – er kommt aus Frankfurt zurück und sie möchte ihn überraschen. Es ist ein Abenteuer mit besonderem Effekt.

1 Bauern-Ente (2½–3 kg)
400 g Toastbrot
1 mittlere Zwiebel (100 g)
2 Jungzwiebeln
20 g Ingwer
3 Knoblauchzehen
2 frische Chili (oder Chiliflocken)
1 feste Mango (300 g)
4 Eier
100 ml Milch
40 g Butter
40 ml Olivenöl
40 ml karibischer Kokosrum
1 TL Thymian
1 TL gemahlener Piment
2 TL Salz, Fleur de Sel

Zuerst muss man die Ente von den Knochen befreien. Mira erzählt in „Evelyns Fall" genau, wie sie das tut: *„Ich habe die Ente, wie ich es einst von Billy gelernt habe, hohl ausgelöst. Der Körper soll ganz bleiben, von Unterkeulen und Flügeln einmal abgesehen, werden alle Knochen von innen entfernt. Dazu fährt man mit einer Hand vorsichtig in die Ente und ertastet die Rippenenden, sie lassen sich mit kräftigen Fingern relativ leicht vom Fleisch trennen. Dann nehme ich mein kleines, aber sehr scharfes Gemüsemesser und fange an, Rippe für Rippe, immer weiter dem Brustbein entlang, zu ertasten und mit dem Messer vom Fleisch zu lösen. Gismo beäugt mich neugierig. Als ich fluche, weil ich das Schlüsselbein nicht richtig erwischt und ein Loch in die Haut der Ente gestochen habe, maunzt sie, als wollte sie mir sagen: ‚Das Tier kann man doch auch viel einfacher fressen. Soll ich es dir zeigen?' ... Nach einer halben Stunde aber stehe ich stolz vor dem nicht besonders ramponierten, beinahe beinfreien Entenkörper. Er ist in sich zusammengefallen, wirkt eher wie ein Sack aus Haut und Fleisch. Die Fülle wird seine Statur wieder beleben."*
Wer das nicht ausprobieren möchte, lässt das Knochengerüst einfach drin.

Backrohr auf 220 Grad vorheizen.
1 cm große Brotwürfel in Butter anrösten. In eine große Schüssel geben. Pfanne auswischen, in 20 ml Olivenöl fein geschnittene Zwiebel, in Ringe geschnittene Jungzwiebeln und fein geschnittenen Ingwer anbraten. Bevor die Zwiebeln Farbe bekommen, fein geschnittenen

Chili und Knoblauch dazu, einmal umrühren, Gemeinsam mit Mangowürfeln, Thymian, Piment, Salz, verschlagenen Eiern, Milch und Kokosrum in die Schüssel geben. Alles vorsichtig durchmischen. Nicht kneten, die Bestandteile sollen locker und sichtbar bleiben.

Einen Bräter mit 20 ml Olivenöl bestreichen, darauf etwas Fleur de Sel verteilen. Dann die (schlappe) Ente hineinlegen und Löffel für Löffel mit der Masse füllen, bis sie prächtig prall in der Pfanne sitzt. Die beiden Öffnungen mit Zahnstochern zustecken. 1 TL Salzflocken über die Ente geben. 20 Minuten bei 220 Grad backen, danach die Temperatur auf 160 Grad reduzieren. Nach einer Stunde die Temperatur auf 100 Grad absenken und zumindest noch eine weitere Stunde garen.

Die Ente im Ganzen zu Tisch bringen und vor den staunenden Gästen in Scheiben schneiden.

Lamm + Ziege + Kaninchen

/ Miras Freundin, Putzfrau und abenteuerlustige Partnerin für alle Fälle, stammt aus Ex-Jugoslawien. Üblicherweise verklärt Vesna die Vergangenheit nicht, aber wenn sie an die Lamm- und Ziegengerichte ihrer Heimat denkt, wird sie nostalgisch. Die Erinnerung an Geschmäcker und Gerüche zählt auch für mich zu den lebhaftesten und schönsten. Goatwater auf der kleinen Karibikinsel St. Kitts. Oder sardischer Eintopf, gemeinsam mit unseren Freunden Maria und Ettore auf der Terrasse mit Blick übers Meer. Kleftiko, dieses besondere im Brotbackofen zubereitete Lammfleisch in Zypern, ein lauer Sommerabend, untermalt vom Gesang der Zikaden ...

Früher gab es auch in unserer Gegend viele Schafe und Ziegen. Ochsen waren kostbare Arbeitstiere, Kühe lieferten Milch. Schweine wurden nur selten geschlachtet. Gemeinsam mit Hühnern und Kaninchen waren Ziegen und Schafe die weniger teuren und anspruchsvollen Tiere. Bei uns im Weinviertel hat man Ziegen deswegen auch „Eisenbahner-Kuh" genannt. Die konnte sich ein Bahnarbeiter mit der typischen Nebenerwerbslandwirtschaft eben leisten. Und für die Kinder gab es Ziegenmilch – davon kann auch unsere Freundin Gerda erzählen.

Ziegenfleisch ist besonders würzig und gesund. Es hat wenig Fett, aber es ist fest – Ziegen lieben es, in Bewegung zu sein. Entsprechend lange muss man daher den Eintöpfen, Suppen und Ragouts Zeit geben. Wem der Geschmack von Ziegenfleisch zu ungewohnt ist, der sollte es mit Kitzfleisch versuchen – es ist, wie auch Lammfleisch im Verhältnis zu Schaffleisch, deutlich zarter und schmeckt dezenter. Die Edelteile von Kitz und Lamm brät man am besten kurz an und lässt sie dann im Backrohr bei 70 Grad ziehen. So bleibt das Fleisch innen saftig-rosa.

Kaninchenfleisch ist übrigens deutlich fester, als es wirkt. Das hat wohl mit der Sprungkraft dieser Tierchen zu tun. Wie auch bei Ziege und Schaf ist es eine gute Variante, ihr Fleisch ganz klein zu schneiden oder zu faschieren. So entstehen würzige Pasta-Saucen (wie im Rezept auf S. 178) oder Laibchen. Die Kaninchen, die man im mediterranen Raum bekommt, sind übrigens fast immer Wildkaninchen – das macht es für die eine oder den anderen einfacher, diese putzigen Pelztiere zu essen. Immerhin hat man sie dann nicht gestreichelt. Wobei der Transformationsprozess vom herzigen Lebewesen zu Fleisch wohl immer unterschiedlich wahrgenommen wird.

LAMMSUPPE MIT FREGOLA

Mira unternimmt in „Heißzeit 51" den Versuch, klimafreundlich zu kochen. Wenn schon Fleisch, dann Lamm aus der Gegend. Und sie nimmt nicht die Edelteile, sondern Schulter – weil ja alles vom Tier verarbeitet werden sollte. Abgesehen davon ist das Fleisch der durchzogenen Schulter besonders saftig.

600 g Lammschulter mit Knochen
80 g Fregola
1 Fenchelknolle (250 g)
1 Stange Sellerie
1 mittelgroße Zwiebel (100 g)
1 Jungzwiebel
40 ml Wermut
2 Knoblauchzehen
2 Zweige Thymian
2 Zweige Rosmarin
1 TL Pimentkörner
1 TL Pfefferkörner
Salz

Lammschulter im Ganzen in einen Topf geben und mit so viel Wasser auffüllen, dass es 5 cm über dem Fleisch steht. Zustellen. Zwiebel waschen, mit der Schale halbieren, gemeinsam mit dem ungeschälten Knoblauch, Thymian und Rosmarin dazugeben. Das schönste Stück Sellerie und den zarten Innenteil der Fenchelknolle aufheben, den Rest auch in die Suppe geben. Aufkochen lassen, dann den Schaum abschöpfen (= degraissieren). Wenn kein Schaum mehr aufsteigt, Piment- und Pfefferkörner dazugeben und etwas salzen. Die Lammsuppe zugedeckt bei ganz kleiner Hitze 2 Stunden köcheln lassen.
Die Lammschulter zur Seite geben, die Lammsuppe abseihen. 400 ml wieder aufkochen, den Rest aufheben, eventuell einfrieren. In die Suppe nudelig geschnittenen Fenchel, in Ringe geschnittene Jungzwiebel und Stangensellerie, abgezupftes Fleisch und den Wermut geben, die Fregola einrühren und bei geringer Hitze quellen lassen, bis sie al dente ist. Das dauert je nach Größe der Fregola 20–30 Minuten. In vorgewärmten tiefen Tellern servieren.

Nimmt man 150 g Fregola, wird ein klassischer **Fregola-Topf** daraus, wie er in der sardischen Barbagia, dem atemberaubenden Hochland, in dem Schafe und Ziegen weit häufiger sind als Menschen, zu finden ist. Am Schluss kann man ihn mit etwas geriebenem Pecorino verfeinern.

GOATWATER

Es gibt kaum ein Gericht, das typischer für die Kleinen Antillen ist. Hier wird nichts abgeseiht oder getrennt. Es ist die lapidare Antwort auf meine häufigen Fragen, wie man was zubereiten soll: „Cook it together!" Und: Was gerade nicht da ist, wird weggelassen. Was zusätzlich da ist, wird dazugetan. Eine kleinere Menge zu kochen wäre in der Karibik unmöglich – Goatwater lässt sich sehr gut aufwärmen.

800 g Ziegenfleischstücke samt Knochen
1 große Zwiebel (150 g)
1 Kohlrabi
200 g fester Kürbis
1 große Karotte
1 große Tomate
1 große mehlige Kartoffel
1 Chili
3 Zweige Thymian
1 Zimtstange
1 TL gemahlener Piment
1 TL frische oder gemahlene Kurkuma
Salz

Ziegenstücke so mit Wasser bedecken, dass es 5 cm darüber steht. Aufkochen und den Schaum abschöpfen. Alle Gewürze bis auf das Salz dazugeben und 1–2 Stunden (je nachdem, ob es sich um Fleisch vom Ziegenkitz oder von einer ausgewachsenen Ziege handelt) zugedeckt kochen. Dann alle Gemüsearten, soweit notwendig, schälen, in nicht zu kleine Stücke schneiden und dazugeben. 1 weitere Stunde auf kleiner Flamme kochen lassen. Das Ziegenfleisch sollte fast von selbst von den Knochen fallen, Tomaten und Kartoffeln haben sich zerkocht und geben etwas Bindung. Mit Salz abschmecken und alles, samt den Knochen, heiß servieren.

VESNAS CEVAPCICI

Vesna stammt aus Bosnien. Sie ist keine besonders leidenschaftliche Köchin, aber ihre Cevapcici lieben alle. Dabei sind sie so einfach. Der Trick: wenige Zutaten, gut kneten und ja kein Brot oder Ei dazugeben.

300 g Lammfaschiertes
1 Jungzwiebel
2 Knoblauchzehen
1 EL scharfer Senf
1 EL Ketchup
1 EL scharfer gemahlener Paprika
1 EL gemahlener Koriander
20 ml Olivenöl
Salz

Jungzwiebel und Knoblauch fein schneiden, alle Zutaten gut miteinander verkneten. Kleine Würstchen formen, mit Olivenöl bestreichen und am Holzkohlengrill oder in einer schweren Pfanne rundum knusprig braten.

Klassisch ist – nicht nur in Vesnas Familie – dazu **Zwiebelsenf**: dafür einfach den Lieblingssenf mit fein geschnittener Zwiebel oder Jungzwiebel mischen.
Genauso einfach ist die **Kräutersauce**, die Mira liebt: Estragon, Petersilie, Liebstöckel, Schnittlauch, Knoblauchschnittlauch, Koriander, Majoran – alles, was da ist, ganz klein schneiden, etwas salzen und mit etwas Crème fraîche vermischen.

SARDISCHER EINTOPF

400 g Ziegen- oder Lammfleisch von Schulter oder Schlögel
200 g Kirsch- oder Datterini-Tomaten
300 g mehlige Kartoffeln
1 große Zwiebel (150 g)
3 Knoblauchzehen
1 Jungzwiebel
40 ml Olivenöl

Zwiebel fein schneiden. Tomaten halbieren. Fleisch und Kartoffeln in kleine Würfel schneiden (ca. 2 cm). In einem Topf Olivenöl erhitzen, das Fleisch mit den Rosmarinzweigen anrösten, bis kein Fleischsaft mehr da ist. Zwiebel dazugeben und weiterrösten, bis sie Farbe bekommt. Dann die blättrig geschnittenen Knoblauchzehen dazugeben, einmal umrühren. Kirschtomaten, Kartoffeln, Chili und Salz dazugeben, eine Minute mitrösten. Mit Vernaccia ablöschen. So viel Wasser dazu-

80 ml reifer Vernaccia (oder Wermut)
3 Zweige Rosmarin
Chiliflocken
Salz

geben, dass es fingerbreit über dem Inhalt steht. Zudecken und bei wenig Hitze weich kochen. Das dauert ca. 45 Minuten und hängt von der Art des Fleischs ab. Alle 10 Minuten umrühren, da die Kartoffeln verkochen und sich anlegen können. Eventuell mit ein bisschen Wasser ergänzen. Zum Schluss die in Ringe geschnittene Jungzwiebel dazugeben und nachwürzen.
Auf heiße Teller häufen, mit Jungzwiebelringen garnieren und mit frischem Weißbrot servieren.

LAMMRÜCKEN MIT THYMIAN

Anstelle der üblichen dünnen Lammkoteletts bleiben auf zwei Knochen geschnittener Lammrücken oder Lammschopf saftiger. Man muss ihm nur etwas Zeit zum Durchziehen geben.

500 g Lammkotelett oder Lammschopf im Ganzen
20 ml Olivenöl
4 große Zweige Thymian
schwarzer Pfeffer aus der Mühle
Fleur de Sel

Backrohr auf 70 Grad vorheizen. Eine Ofenform mitwärmen oder eine Pfanne verwenden, die man ins Rohr stellen kann.
Lammrücken in Stücke mit je zwei Knochen (Rippen) schneiden. Mit Salzflocken und Pfeffer würzen, in einer Pfanne 20 ml Olivenöl erhitzen, die Doppelkoteletts rundherum anbraten, gegen Ende 2 Zweige Thymian mitbraten.
Den Lammrücken und die Thymianzweige in die Ofenform geben. ca. 30 Minuten im Backrohr gar ziehen lassen – sie sind dann innen noch rosa und saftig.
In der Form zum Tisch bringen oder auf vorgewärmten Tellern anrichten und mit dem Rosmarinzweig dekorieren.
Wer möchte, kann mit dem Lamm auch große Stücke roten Paprika mitbraten. Sehr gut passen dazu würzige Kartoffelwürfel (Rezept S. 102) oder auch Hokkaido-Kürbispüree (Rezept S. 26).

IM OFEN GESCHMORTES LAMM

Vergleichbare Gerichte gibt es in vielen mediterranen Ländern. Man verwendet „durchzogenes" Fleisch mit etwas Fett, lässt es im Ganzen und verschließt das Gefäß so gut, dass Saft und Aroma drin bleiben. Für das traditionelle zyprische Kleftiko verklebt man einen Tontopf dafür sogar mit Mehl und Wasser. Am Ende sollte das Lamm fast von selbst zerfallen.

500 g Lamm (Frikandeau, Schulter, Schlögl)
4 festkochende Kartoffeln (300 g)
½ Zitrone
40 ml Olivenöl
40 ml Wermut oder Wasser
1 Lorbeerblatt
2 Zweige Rosmarin
schwarzer Pfeffer aus der Mühle
Fleur de Sel

Backrohr auf 250 Grad vorheizen.

20 ml Olivenöl und Wermut in einen gut schließenden Bräter (am besten aus Eisen, Email oder Ton und nicht viel größer als der Inhalt) geben, mit Salzflocken bestreuen. Die geschälten Kartoffeln im Ganzen darauf legen. Das Lamm mit der halbierten Zitrone einreiben, dann pfeffern und mit Salzflocken bestreut auf die Kartoffeln legen. Rosmarinzweige, Lorbeerblatt und das restliche Öl darauf. Mit dem Deckel gut verschließen und ins Rohr geben. Nach 15 Minuten die Temperatur auf 150 Grad reduzieren. 90 Minuten backen.

Das Lammfleisch im Ganzen zum Tisch bringen.

KANINCHENSAUCE MIT NUDELN

300 g Kaninchenfaschiertes
150 g Mezze Maniche, Penne oder andere kurze Pasta
50 g Chorizo
10 getrocknete Tomaten (in Öl)
10 Datterini- oder Kirschtomaten
1 mittelgroße Zwiebel (100 g)
1 Jungzwiebel
2 Knoblauchzehen
20 g geriebener Pecorino (oder Parmesan)
40 ml Weißwein
20 ml Olivenöl
4 Thymianzweige
schwarzer Pfeffer aus der Mühle
Salz
eventuell Chiliflocken

Zwiebel fein schneiden und in Olivenöl gemeinsam mit der in feine Scheiben geschnittenen Wurst und zwei Thymianzweigen anbraten. Kaninchenfaschiertes, halbierte frische und getrocknete Tomaten dazugeben. 5 Minuten rösten. Knoblauch fein schneiden, dazugeben, einmal umrühren und mit dem Wein ablöschen. Bis zu diesem Punkt kann man die Sauce auch schon ein, zwei Stunden vorher zubereiten.

2 l Wasser mit 2 EL Salz zum Kochen bringen und die Nudeln al dente kochen (minus 10% der auf der Packung angegebenen Garzeit – dann kosten).

5 Minuten, bevor die Nudeln al dente sind, die heiße Kaninchensauce mit einigen Esslöffeln Nudelwasser ergänzen, die in Ringe geschnittene Jungzwiebel und den Pecorino einrühren. Mit Pfeffer, Salz und eventuell Chili abschmecken. Die Nudeln mit einem Siebschöpfer direkt in die Sauce geben, umrühren und noch etwas Nudelwasser dazugeben.

Die Kaninchen-Pasta mit einem Thymianzweig garnieren.

GEFÜLLTES KANINCHEN AUF CHAMPAGNERKRAUT

Im Krimi „Millionenkochen" dreht sich vieles um eine Kochshow. Die Teilnehmer versuchen einander zu übertrumpfen, schließlich geht es ja nicht nur um die Ehre, sondern auch um 1 Million Euro. Doch dann bemerkt Mira, dass die Moderatorin deutlich weniger vom Kochen versteht, als es der Sender bewirbt …

300 g Kaninchenrücken samt Brust, ausgelöst (in Österreich bekommt man das beim Fleischer oft als „Kaninchenschnitzel")
100 g Milchbrot (Kipferl, Toast, Brioche, nicht zu süß)

Backrohr auf 160 Grad vorheizen.

Milchbrot in 1 cm große Würfel schneiden und in eine Schüssel geben. Die Jungzwiebeln in Ringe schneiden und in der Butter hell anschwitzen. Gemeinsam mit dem versprudelten Ei, Trüffelpaste, Obers, Pfeffer und Salz vorsichtig durchmischen, aber keinesfalls kneten.

2 Jungzwiebeln
30 g Butter
40 ml Trüffelpaste
1 Ei
80 ml Obers
20 ml Olivenöl
schwarzer Pfeffer aus der Mühle
Salz, Fleur de Sel
Küchengarn
80 ml Süßwein

CHAMPAGNERKRAUT:
200 g mildes Sauerkraut
1 TL Agar-Agar
80 ml Champagner (oder anderer Sprudel, welcher es ist, merkt man nicht)
8 große grüne Krautblätter

Den Kaninchenrücken (das ist der dickere Teil des Stücks) mit einem scharfen Messer der Länge nach so einschneiden, dass man ihn auseinanderklappen kann und sich die Fleischfläche vergrößert. Vorsichtig klopfen. Die beiden großen Schnitzel überlappend auflegen und salzen. Die Fülle in der Mitte so verteilen, dass man das Fleisch zusammenrollen kann. Die Rolle an drei Stellen mit einem Küchengarn zubinden. Eine Form, die ungefähr so groß wie die Rolle ist (z. B. eine Kastenform für Kuchen oder eine Terrinen-Form) mit Olivenöl bepinseln, Süßwein in die Form leeren, dann die Kaninchenrollen hineinsetzen, mit dem restlichen Olivenöl beträufeln und mit Salzflocken bestreuen. Für 1 Stunde im Rohr backen.

Für das **Champagnerkraut** die Krautblätter in reichlich Salzwasser 3 Minuten blanchieren, die Blätter unter kaltem fließendem Wasser abspülen und abtropfen. Das Sauerkraut in einem Topf langsam erhitzen. Champagner kalt mit Agar-Agar verrühren und zum Kraut geben. Wenn die Flüssigkeit kocht, noch 1 Minute bei kleiner Hitze garen, die schönsten 2 Krautblätter zur Seite geben, die anderen in Würfel schneiden und unters Sauerkraut rühren.

Auf vorgewärmte Teller das Krautblatt legen und darauf das Champagnerkraut anrichten. Die Kaninchenrolle aufschneiden und die Röllchen darauf legen. Mit dem Natursaft begießen.

Schwein

Kaum ein Tier ist in unseren Sprichwörtern so präsent wie das Schwein: Von „Schwein gehabt" über „arme Sau" bis hin zur „Ferkelei" reicht die Bandbreite der Ausdrücke, die wir mit dem Borstenvieh verbinden. Vielleicht hat das damit zu tun, dass Schwein die in unseren Küchen am häufigsten verwendete Fleischsorte ist. Oder doch damit, dass es dem Menschen genetisch ziemlich nah verwandt ist?

In „Gut, aber tot" soll ein Schwein sogar Verdächtige anlocken: Auf einem Hügel des Weinviertels bereiten Mira, Vesna und eine Kabarettistin alles vor, um es im Ganzen auf offenem Feuer zu braten. Kann sein, dass Veganer da etwas unternehmen müssen ...

Wie man das anstellt, habe ich in Sardinien beobachten dürfen. Für das große Abschlussfest des Literaturfestivals in Gavoi mussten gleich mehrere Schweine dran glauben. Berühmter ist in Sardinien das Maialetto: Kleine Schweinchen werden dafür im Ganzen am Grillspieß gebraten. Dieses Gericht darf bei keinem typischen sardischen Festmahl fehlen – vor allem dann nicht, wenn es für Gäste (und Touristen) zubereitet wird. Um die Haut wirklich knusprig zu kriegen und das Innere zart, braucht man eine Menge Erfahrung – und die eher kleinen, frei lebenden Schweine der Insel.

Auch wenn es um handlichere Schweineteile geht: Die Unterschiede bei der Qualität sind enorm. Robuste Schweinerassen, die schweinisch leben dürfen, also mit Auslauf im Freien, eigenem Schlaf- und Spielbereich (ja, sie sind eben enger mit uns verwandt, als uns manchmal lieb ist), haben ein festes, aber mit Fett marmoriertes Fleisch. Brät man es, rinnt es auch nicht aus. Superpreisschweineleichen hingegen kann man in der Pfanne beim Schrumpfen zusehen. Hier gilt also gleich doppelt: Weniger ist mehr. Gutes Schweinefleisch bleibt saftig und hält die Form. Und seltener, aber dafür hochwertiges Schwein mit gutem Fett zu essen steigert den Genuss und nutzt auch dem Tierwohl.

KELLERGATSCH

Ein typischer Heurigen-Aufstrich aus meiner Heimat, dem Weinviertel – perfekt, um Reste zu verarbeiten. Besser, man bereitet gleich etwas mehr davon zu, der Aufstricht hält und man kann ihn teilen …

500 g Geselchtes, Wurst, Bratenreste
3 Pfefferoni (mild oder scharf)
3 Essiggurken
2 Jungzwiebeln
100 ml Mayonnaise
Crème fraîche

Bratenreste oder anderes gemeinsam mit Pfefferoni und Essiggurken faschieren. Wer keine Faschiermaschine hat, kann alles auch fein schneiden. Mit fein geschnittenen Jungzwiebeln und Mayonnaise vermischen, so viel Crème fraîche dazugeben, dass ein dickcremiger Aufstrich entsteht.

SHIEFTALIA

300 g faschiertes Schweinefleisch
1 Scheibe Weißbrot (50 g)
1 kleine Zwiebel (60 g)
50 g Schweinsnetz oder fetter Speck
20 ml Olivenöl
½ Bund Petersilie
10 Blätter Apfelminze (oder andere milde Minze)
1 TL gemahlener Zimt
1 TL gemahlener Koriander
schwarzer Pfeffer aus der Mühle
Salz

Das Faschierte mit Zimt, Koriander, Salz, Pfeffer, in kleine Würfel geschnittenem Brot, fein geschnittener Zwiebel, Petersilie und Minze in eine Schüssel geben und durchkneten. Zu dicken Würstchen formen. Traditionellerweise wird jedes in ein Stück Schweinsnetz gewickelt. Man bekommt es bei einem gut sortierten Fleischer. Am besten, man legt das Netz in kaltes Wasser, zieht es dann auseinander und trennt Stücke ab, die etwas größer als die Würstchen sind. Einfach herumwickeln, das Schweinsnetz hält. Ersatzweise schneidet man ein Stück festen Speck in möglichst lange Streifen und wickelt sie um die Würstchen.
Auf einem Holzkohlengrill oder in einer heißen Pfanne mit Olivenöl rundum braten.

Sehr gut passt zu diesen köstlichen zyprischen Würstchen **Tsatsiki** (Rezept S. 22).

VIETNAMESISCHES ZIMTFLEISCH

300 g Faschiertes
4 lange Zimtstangen
20 g Ingwer
1 EL Senf oder Ketchup
1 TL gemahlener Koriander
1 TL Piment
Chilipulver
40 ml Sesamöl
Salz

Ingwer ganz fein schneiden, das Fleisch mit allen Gewürzen gut verkneten, danach um die Zimtstangen drücken. In einer großen Pfanne Öl erhitzen, rasch rundum braten.

Original wird das Zimtfleisch auf offenem Feuer zubereitet – diese besonderen Spieße eignen sich daher auch sehr gut für eine Grillerei.
Sehr gut passen dazu die klassische **Hoisin-Sauce** (Rezept S. 70) und **Reis mit Schwarzkümmel** (Rezept S. 116).

APFEL-BLUTWURST

Blutwurst finden wir, unterschiedlich gewürzt, in Portugal ebenso wie in Frankreich, Sardinien, der Türkei oder auf karibischen Inseln (die köstliche Variante mit Chili und Kokos hat es längst in Buchingers „Alte Schule" geschafft). Alle Varianten haben eines gemeinsam: Sie sind eher üppig. Und diverse traditionelle „Gröstl" mit Kartoffeln und Fett legen noch eins drauf. Aber es geht auch anders ...

150 g Blutwurst
1 säuerlicher Apfel (100 g)
10 ml Sonnenblumenöl
eventuell Chilipulver
Fleur de Sel

Grillfunktion im Backrohr auf das Maximum vorheizen. Apfel halbieren, vom Kerngehäuse befreien und in 1 cm dicke Stücke schneiden. Blutwurst in 1 cm dicke Ringe schneiden (hat sie einen sehr großen Durchmesser, halbieren). Eine feuerfeste Form mit Öl (eventuell vermischt mit etwas Chilipulver) bepinseln, abwechselnd Blutwurstringe und Apfelstücke überlappend hineinschichten. Mit dem restlichen Öl bepinseln und mit ein paar Salzflocken bestreuen. Die Form möglichst nahe unter dem Grill einschieben und warten, bis die Blutwurst an den Enden knusprig wird.
Heiß in der Form servieren.

PURPUZZA

Das ist eine Spezialität aus den Bergen Sardiniens. Auch viele Sarden, die in den Küstengegenden leben, kennen dieses Gericht nicht. Mira und ich, wir sind ihm in Gavoi begegnet. Und wir haben uns verliebt: in das Bergdorf mit seinen Steinhäusern und in Purpuzza. In Gavoi findet übrigens auch das einzigartige Literaturfestival „Isola delle Storie" (Insel der Geschichten) statt. In „Männerfallen" gibt's mehr darüber.

400 g Schopf, Schulter, oder Hals vom Freilandschwein
20 ml Weißweinessig
40 ml Olivenöl
2 große Scheiben Pane Carasau
8 Datterini-Tomaten
1 Jungzwiebel
schwarzer Pfeffer aus der Mühle
Salz

Das Fleisch fein schneiden oder grob faschieren. Mit Salz, Pfeffer und Essig würzen und in 30 ml Olivenöl bei maximaler Hitze braten, bis es knusprig wird.
Pane Carasau auf große Teller geben, mit geschnittenen Tomaten und Jungzwiebeln belegen. Die Purpuzza darauf verteilen, alles mit etwas Olivenöl beträufeln.

Auch Lamm, Schaf oder Ziege werden dafür verwendet. Sind die Tiere schon älter, würzt man das geschnittene Fleisch mit Pfeffer und Essig und lässt es ein, zwei Tage ziehen, bevor es gebraten wird.

SCHWEIN IN KOKOSMILCH

Dieses Rezept bereitet die junge Vietnamesin Vui für ihre Freundinnen Mira und Vesna zu. Einfacher geht's nicht – und es schmeckt! Ein Klassiker der Hanoi-Küche.

300 g Schweinsfilet
250 ml Kokosmilch
1 Chili
1 Sternanis
30 g Ingwer
1 TL Salz

Ingwer und Chili ganz fein schneiden. Kokosmilch mit allen Gewürzen in einem kleinen Topf aufkochen. Die Hitze aufs Minimum reduzieren. Das Schweinsfilet im Ganzen einlegen und auf ganz kleiner Flamme 20 Minuten garen.
Entweder in der Kokosmilch abkühlen lassen und als kalte Vorspeise genießen. Oder das Fleisch warm aufschneiden und in einer vorgewärmten Schüssel zu Tisch bringen.

In beiden Fällen mit Baguette servieren. Es hat mit der französischen Kolonialzeit zu tun: Jeden Morgen kann man in Hanoi Frauen beobachten, die in ihren mit einer Stange verbundenen Tragekörben wahre Türme von warmem köstlichem Baguette zum Verkauf anbieten.

WEINVIERTEL MEETS KARIBIK

300 g Schweinsschopf
50 g geräucherten Speck samt Schwarte
1 mittelgroße Zwiebel (100 g)
1 Jungzwiebel
2 Knoblauchzehen
1 Karotte (100 g)
100 g festes Kürbisfleisch

Schweinsschopf in große Stücke schneiden (3–4 cm), Schwarte vom Speck entfernen (aufheben). Fein geschnittenen Ingwer und Speck in Öl kurz anrösten, danach fein geschnittene Zwiebel und weiße Hälfte von der Jungzwiebel dazugeben, weiterrösten. Die in 1 cm dicke Scheiben geschnittene Karotte, den in Streifen geschnittenen Paprika, in 2 cm große Würfel geschnittenen Kürbis, fein geschnittenen Chili und 2 Thymian-

½ Gurke
½ roter Paprika
1 mehlige Kartoffel (100 g)
1 grüne Banane (oder nicht sehr reife Mango oder Papaya)
40 ml karibischer Rum
20 ml Sonnenblumenöl
30 g Ingwer
1 Chili
1 EL gemahlener Piment
1 Zimtstange
4 Zweige frischer Thymian
Salz

zweige dazugeben und mitrösten. Die Fleischwürfel dazugeben und weiterrösten. Die in Blättchen geschnittenen Knoblauchzehen dazu, einmal umrühren, mit dem Rum ablöschen. Mit so viel Wasser aufgießen, dass es zwei Fingerbreit über dem Fleisch steht. Das sind ca. 500 ml. Wenn das Ragout aufkocht, kleine Kartoffelwürfel, Speckschwarte, Piment und Zimtstange dazugeben, wenig salzen. Bei geringer Hitze 1 Stunde zugedeckt köcheln lassen. Immer wieder umrühren.

Die geschälte und entkernte Gurke in 2 cm große Stücke schneiden und 5 Minuten mitkochen. Schwarte, Thymianzweige und Zimt entfernen, die Banane in 1 cm dicke Scheiben schneiden, 1 Minute mitkochen. Danach mit Salz abschmecken.

In vorgewärmten tiefen Tellern servieren, mit einem Thymianzweig dekorieren. Dazu passt am besten knuspriges Brot.

KREUZKÜMMEL-SCHWEINSBAUCH

2 Scheiben Freiland-Schweinsbauch (je 100 g)
1 EL Kreuzkümmel
10 ml Olivenöl
½ Zitrone
Chiliflocken
1 TL Fleur de Sel

Den Schweinsbauch mit der halbierten Zitrone einreiben. Die restlichen Zutaten der Marinade vermischen, den Schweinsbauch damit würzen und 1 Stunde bei Zimmertemperatur zugedeckt (oder mehrere Stunden im Kühlschrank, vor dem Verwenden zumindest ½ Stunde bei Zimmertemperatur) marinieren. Eine schwere Pfanne ohne Fett heiß machen.

Schweinsbauch einlegen, auf mittlere Hitze reduzieren und das Fleisch auf beiden Seiten knusprig goldbraun braten. Zum Schluss in der Pfanne 3 Minuten ziehen lassen. Mit **Tsatsiki** (Rezept S. 22) und viel knusprigem Brot servieren.

SCHWEINSRÜCKEN MIT ROTWEIN-CHILI-SAUCE

Ein ähnliches Gericht bereitet Mira in „Millionenkochen" für ihren Oskar zu. Ich habe es inzwischen ein wenig weiterentwickelt und vereinfacht.
Ein kleineres Stück Schweinsrücken wird meist trocken. Das, was übrig bleibt, kann man kalt aufgeschnitten auf einem Brot essen. Oder man brät es ganz rasch auf beiden Seiten an und isst es mit würzigen Kartoffelwürfeln (Rezept S. 102).

1½ kg Schweinsrücken samt Knochen und Fetteindeckung
60 ml Sonnenblumenöl

MARINADE:
2 Knoblauchzehen
20 ml Sonnenblumenöl
40 ml süß-scharfe Chilisauce
1 EL gemahlener Piment
1 EL gemahlener Galgant
1 EL geschroteter Kümmel
1 TL Thymiannadeln
1 EL Fleur de Sel

ROTWEINSAUCE:
3 mittelgroße rote Zwiebeln (250 g)
200 g Sellerieknolle
750 ml Rotwein
1 EL Zucker
1 TL gemahlener Piment
Chiliflocken

Backrohr auf 220 Grad vorheizen.
Für die Marinade den Knoblauch mit der flachen Seite des Messers andrücken und dann fein schneiden. Mit allen anderen Zutaten vermischen.
Sonnenblumenöl in einen Bräter geben, darauf mit den Knochen nach unten den noch nicht marinierten Schweinsrücken setzen.
Die Zwiebeln in Segmente schneiden, den Sellerie in Würfel schneiden und rundum legen. Mit 200 ml Rotwein begießen. Offen ½ Stunde braten. Dann aus dem Backrohr nehmen. Temperatur auf 130 Grad reduzieren. Zwiebeln, Sellerie, den Großteil des Rotweinsafts entfernen und in einen Topf geben. Mit dem Rest des Rotweins, 600 ml Wasser, Zucker, Piment und Chiliflocken ergänzen und zugedeckt bei ganz kleiner Hitze köcheln, bis auch das Schwein fertig ist. Reduziert sich die Flüssigkeit zu stark, etwas Wasser nachgießen.
Schweinsrücken mit der Marinade bestreichen, die Unterseite mit den Knochen auslassen. Wieder ins Backrohr geben. Nach 1 Stunde den gebildeten Bratensaft über die Würzkruste gießen, 100 ml warmes Wasser auf den Boden des Bräters leeren. Noch 1 weitere Stunde braten.
Danach den Bratensaft zur köchelnden Rotweinsauce geben und die Sauce stabmixen.
Den Braten im Ganzen mit der Rotweinsauce separat zu Tisch bringen. Zu diesem Gericht passen Kartoffeln aller Art, aber auch frisches Brot.

WÜRZIGER SCHWEINSSCHOPF IM GANZEN

Gerda und Joschi sind ganz liebe Freunde. Sie betreiben gemeinsam mit ihrem Sohn Matthias und seiner Frau Kathi das großartige Weingut Döllinger. Wenn ihr außergewöhnlicher Heuriger am Wunderberg geöffnet hat, helfe ich mit und brate dafür in unserem Holzofen Schweinsschopf. – Wie lautet eigentlich die Mehrzahl? Schweinsschöpfe? Auf alle Fälle können es pro Heurigentermin schon mehr als 25 ganze Schopf-Stücke zu je 3–4 Kilo sein ...

1 kg Schopfbraten vom Freilandschwein (weniger wird nichts)
20 ml hitzebeständiges Öl

MARINADE:
3 Knoblauchzehen
2 Zweige Rosmarin
20 ml Olivenöl
1 EL gemahlener Piment
1 EL gemahlener Kümmel
1 TL gemahlener Kreuzkümmel
1 TL Chiliflocken
1 EL Fleur de Sel

Knoblauchzehen fein schneiden, Rosmarin abzupfen und schneiden. Mit allen anderen Gewürzen und dem Olivenöl eine Marinade mischen. Schopfbraten damit einreiben und 1 Stunde bei Zimmertemperatur zugedeckt marinieren lassen.
Backrohr auf 220 Grad vorheizen.
In eine feuerfeste Form etwas Öl geben, darauf den Schweinsbraten setzen. 30 Minuten backen. Dann mit dem ausgelaufenen Fett begießen, die Temperatur auf 80 Grad absenken und weitere 2 Stunden garen.

Warm oder kalt aufschneiden. Schmeckt auch sehr gut auf Sauerkraut oder **Champagnerkraut** (Rezept S. 179).

Wer einen Holzofen hat, der startet bei 300 Grad, legt kein Holz mehr nach und lässt das Fleisch gar ziehen.

Das Fett kalt stellen und als besonders würziges „Bratlfett“ aufs Brot streichen.

Rind + Kalb

/ Wieder einmal ist nichts schwarz oder weiß, es geht – wie in den Mira-Valensky-Krimis – um die vielen Farben und Schattierungen dazwischen. Ich meine damit nicht Fleckviehrassen, sondern die Auseinandersetzungen um den ökologischen Fußabdruck von Rindfleisch. Er ist bei Wiederkäuern durch das erzeugte Methan groß, trotzdem hängt er stark von der Art der Haltung ab. Galloway-Rinder zum Beispiel sind das ganze Jahr über auf der Weide, sie bekommen auch kein Futter, das aus anderen Weltgegenden herangekarrt wird. Rind oder Kalb aus Massenhaltung, womöglich noch aus anderen Kontinenten, schaden der Umwelt um ein Vielfaches mehr.

Von den hellroten Rinderteilen, die man oft in Werbeprospekten sieht, sollte man die Finger lassen. Das Fleisch ist hart und hat zu viel Wasser. Aber für die Fleischindustrie ist es ein Geschäft, solche Produkte zu verkaufen: Mit längerer Lagerung verliert das Fleisch an Gewicht. Als kulinarische Gegenbewegung ist „dry-aged" in den letzten Jahren modern geworden. Für besonders gelagertes Rind zahlt man dann auch besondere Preise. Oder man beschafft sich gar selbst einen dieser Reifeschränke. Ich bin für einen Mittelweg: Gut abgelegenes Rind kaufen (vier Wochen sollten es seit dem Schlachtdatum schon sein), aus naturnaher Haltung und möglichst aus der Nähe – dann passt es.

Eine andere Mode, die allerdings weit übers Rindfleisch hinausreicht, ist das Sous-vide-Garen. Man vakuumiert Fleischstücke und lässt sie dann über viele Stunden bei exakt niedriger Temperatur gar ziehen. Aber: Einen Gutteil des Geschmacks erhält Rind durch das Anbraten. Diese Maillard-Reaktion hat sich inzwischen herumgesprochen: Bei über 140 Grad verbinden sich Einfachzucker mit Aminosäuren und setzen eine Reihe komplizierter Reaktionen in Gang, die wunderbare Röstaromen entstehen lassen. Lässt man dem Rind nach dem Anbraten Zeit, um bei ca. 65 Grad weiter zu garen, bekommt man deutlich saftigeres und geschmackvolleres Fleisch als bei der viel langwierigeren Sous-vide-Methode.

Übrigens, der Saft, der bei rosa gebratenem Rind beim Aufschneiden austritt, hat nichts mit Blut zu tun. Es handelt sich um im Muskel eingelagerte Flüssigkeit. Geht sie durch zu langes Braten verloren, wird auch das beste Stück Fleisch trocken.

BRESAOLA MIT PARMESAN

Bresaola ist ein getrockneter Rinderschinken, der ursprünglich aus dem italienischen Veltlin stammt. Er ist eng verwandt mit dem Bündnerfleisch. Kein Wunder, das Veltlin war lange Teil der „Bündner Herrschaft".

100 g Bresaola
50 g Parmesan
2 Handvoll Rucola
Balsamessig
Olivenöl
schwarzer Pfeffer aus der Mühle
Fleur de Sel

Zwei große Teller mit Rucola belegen, einige Salzflocken und etwas Olivenöl darüber geben. Mit Bresaola bedecken, darauf den Parmesan hobeln. Wenn man keinen Käsehobel hat, gelingt das sehr gut mit dem Sparschäler oder mit der Schneidemaschine. Mit Pfeffer, Balsamessig und noch einmal ein wenig Olivenöl würzen.

PAPAYASALAT MIT ROASTBEEF

300 g feste Papaya
200 g Roastbeef (Rezept S. 195)
40 ml Olivenöl

MARINADE:
1 Knoblauchzehe
½ Bund grüner Koriander
frischer Chili
40 ml Wermut
40 ml Weißweinessig
10 ml vietnamesische Fischsauce
Prise Zucker
½ TL Salz

Für die Marinade Knoblauch und Koriander fein schneiden, mit den anderen Zutaten mischen.
Die Papaya schälen, vierteln und die Kerne entfernen. Dann in 1 cm dicke Stücke schneiden. Eine große Pfanne mit Olivenöl erhitzen, die Papayastücke auf beiden Seiten jeweils 1 Minute braten, leicht salzen. Danach auf große Teller legen und mit der Hälfte der Marinade beträufeln. Das Roastbeef in dünne Scheiben schneiden und mit der zweiten Hälfte der Marinade würzen.

Wer kein fertiges Roastbeef hat, kann es auf vietnamesische Art ganz schnell ersetzen: Einen ganz heißen Wok mit hitzebeständigem Öl bepinseln. Rohes Beiried so dünn wie möglich schneiden und für ½ Minute an die Ränder des Wok legen. Etwas salzen und pfeffern und gleich anrichten.

GEKOCHTES RINDFLEISCH

Der österreichische Klassiker ... allerdings ist es eng mit dem italienischen Bollito misto verwandt – dem „Gemischten Gekochten", da kommen zum Schulterscherzl vom Rind noch Kalbsbrust, Fleisch von einem Hahn, gesurte Kalbszunge, gefüllter Schweinsfuß (Zampone), Würste und in manchen Gegenden Leber.

1 kg Tafelspitz, Mageres Meisel (Schulterfilet) oder Schulterscherzl (Schaufelstück)
1 mittelgroße Zwiebel (100 g)
1 kleine Stange Lauch (100 g)
3 Karotten (200 g)
¼ Sellerieknolle (200 g)
1 TL Pfefferkörner
1 TL Pimentkörner
1 Lorbeerblatt
Salz, Fleur de Sel

Zwiebel samt Schale halbieren und mit den Schnittflächen nach unten in einer Pfanne ohne Fett rösten, bis sie dunkelbraun ist. 1 l Wasser in einem Topf, der zumindest 3 l fassen sollte, zustellen, mit der Zwiebel und dem Lauch (das schönste Stück aufheben) aufkochen. Das Fleisch einlegen. Wenn das Wasser wieder kocht, die Hitze aufs Minimum reduzieren und den aufsteigenden Schaum abschöpfen. Karotten und Sellerie schälen und gemeinsam mit Pfeffer, Piment und Lorbeerblatt in die kochende Suppe geben. Noch kein Salz dazugeben (es färbt das Fleisch außen rosa). Nach 15–20 Minuten das Wurzelgemüse herausfischen. Es soll gar, aber noch bissfest sein.

Das Fleisch ist nach ca. 2 Stunden weich. Die Probe: Mit einer Fleischgabel anstechen, anheben, fällt es von der Gabel, ist es fertig. Das gekochte Rindfleisch in eine vorgewärmte Schüssel geben und abdecken. Die Suppe salzen, Wurzelgemüse und Lauchringe in der Suppe wärmen. Gegen die Faserrichtung geschnittenes Fleisch und Gemüse in vorgewärmte Teller geben, mit etwas Suppe begießen und mit einigen Salzflocken bestreuen. Sehr gut passen dazu **gebratene gekochte Kartoffelscheiben, pikanter Spinat** (Rezept S. 16 – man kann die exotischen Gewürze weglassen) und der ganz klassische Semmelkren.

Semmelkren

Dafür schneidet man eine (alte) Semmel in dünne Scheiben und weicht sie in 500 ml heißer Rindsuppe auf. Mit einem Schneebesen verrühren (Semmelteile

dürfen noch zu sehen sein) und so viel frischen Kren (Meerrettich) dazugeben, wie man mag.
Anstelle der typischen Schnittlauchsauce mache ich, ähnlich wie zum Bollito misto, gerne auch eine

Grüne Sauce
Dafür Blätter von Spinat, Sauerampfer, Petersilie, Bärlauch, Radieschen, Kerbel (einfach nehmen, was da ist) gemeinsam mit 1 Knoblauchzehe, etwas Senf, Salz, einer Prise Zucker und Sauerrahm stabmixen.
Ganz nebenbei entsteht beim Kochen von Rindfleisch auch die berühmte

RINDSUPPE

Den Fond mit Salz abschmecken und durch ein ganz feines Sieb seihen. Mit mitgekochter Karotte, Sellerie und Lauchringen servieren. Eventuell dünn geschnittene Rindfleischstücke und Suppennudeln dazugeben.

STIFADO

Mira lernt dieses besonders gewürzte Ragout in Zypern lieben – es ist aber auch in Griechenland weit verbreitet.

400 g durchzogenes Rindfleisch (Hinteres Ausgelöstes, Wadschinken …)
2 mittelgroße Zwiebeln (200 g)
4 Knoblauchzehen
2 große Tomaten (200 g)
100 ml Rotwein
40 ml Olivenöl
2 kleine Zimtstangen
2 TL gemahlener Kreuzkümmel
schwarzer Pfeffer aus der Mühle
Prise Zucker
Salz

In einem Topf das Öl erhitzen. Zwiebel schneiden (es muss nicht ganz fein sein) und anschwitzen. Das Fleisch in große Würfel schneiden (ca. 4 cm) und dazugeben, kurz mitrösten, es muss nicht dunkel anbraten. Fein geschnittenen Knoblauch dazu, gleich umrühren. Mit Rotwein aufgießen. Tomaten würfelig schneiden und dazugeben. Zimtstangen einlegen, mit Kreuzkümmel, Salz, einer Prise Zucker und reichlich Pfeffer würzen. So viel Wasser dazugeben, dass es 2 cm über dem Fleisch steht. Zudecken und bei geringer Hitze kochen, bis das Fleisch ganz weich ist (das dauert ca. 2 Stunden). Immer wieder umrühren. Falls die Flüssigkeit zu stark einkocht, etwas Wasser oder Rotwein dazugeben.
Mit Salz abschmecken, auf heißen Tellern servieren, die Zimtstangen als Dekoration verwenden. Dazu: knuspriges Weißbrot, Fladenbrot oder **Ofenkartoffeln** (Rezept S. 104).

RUMPSTEAK STRINDBERG

Ich habe dieses traditionelle Gericht um ein paar Semmelbrösel erweitert – so halten die Zwiebeln besser und sie werden nicht zu dunkel. Mira rät in „Im Netz" der wunderbaren Schauspielerin Rosa Prager, das Fleisch auf alle Fälle ziehen zu lassen.

2 St. Beiried (je 150 g)
2 Jungzwiebeln
40 ml Sonnenblumenöl
3 EL pikanter Senf

Backrohr auf 65 Grad vorheizen.
Die Beiried-Stücke salzen und pfeffern, dann mit dem Senf bestreichen und rundum in den fein geschnittenen Jungzwiebeln wälzen. Semmelbrösel darüberstreuen

2 EL Semmelbrösel
schwarzer Pfeffer aus der Mühle
Salz

und leicht andrücken. Öl in einer Pfanne erhitzen und das Fleisch bei mittlerer Hitze auf jeder Seite 3 Minuten braten. Danach in der warmen Pfanne oder einer vorgewärmten Form 20 Minuten im Rohr ziehen lassen.

BEIRIED AUS DEM OFEN

Dieses Rezept funktioniert erst ab 1 Kilo Fleisch richtig gut. Aber: Man kann es ja auch später als Roastbeef kalt aufschneiden ...

1 kg Beiried
40 ml hitzebeständiges Öl
20 ml Olivenöl
4 Zweige Rosmarin
schwarzer Pfeffer aus der Mühle
Räuchersalz

Backrohr gemeinsam mit einer passenden Ofenform auf 65 Grad vorheizen.
In einer beschichteten Pfanne mit hitzebeständigem Öl das Beiried im Ganzen ungewürzt auf allen Seiten bei maximaler Temperatur anbraten. Danach das Beiried in die warme Ofenform geben, mit Rosmarinzweigen, Räuchersalz, Pfeffer und Olivenöl würzen und 2 Stunden garen lassen. Will man es blutig, ½ Stunde weniger, will man es mehr durch, 1 Stunde mehr veranschlagen. Pro zusätzlichem Kilo Fleisch 1 Stunde mehr im Backrohr rechnen.

Eine würzige Variante: Das Beiried in der warmen Ofenform mit 3 EL fein geschnittenem Ingwer, 2 EL Dijonsenf, 2 EL Olivenöl und 1 EL Fleur de Sel marinieren.

Wer einen Räucherofen oder Smoker hat, sollte unbedingt **Smoked Roastbeef** ausprobieren. Das angebratene und gewürzte Fleisch bei rund 60 Grad 4 Stunden räuchern. Räuchert man mehr als 1 kg Fleisch, die Räucherzeit entsprechend anpassen: Für ein Beiried von 4 kg passen 16 Stunden. Oder mit einem Temperaturfühler die Kerntemperatur messen: Erreicht sie 60 Grad, ist das Smoked Roastbeef fertig.

KRONFLEISCH VOM GALLOWAY-RIND MIT „WALDKAVIAR"

Mager, grobfasrig und besonders würzig ist dieses Fleisch am Zwerchfell – aus dem Teil wird übrigens auch das koreanische Bulgogi zubereitet. Den dicksten Teil, den Zwerchfellpfeiler, der das Herz mit dem Zwerchfell verbindet, nennt man in Frankreich Onglet. Wenn es innen noch rosa ist, schmeckt es am allerbesten. Miras Kochfreund Manninger hat es gemeinsam mit „Waldkaviar" auf der Speisekarte seines Nobellokals in Moskau.

400 g Kronfleisch (Onglet)
100 ml Portwein
1 TL Stärkemehl
20 ml hitzebeständiges Öl
20 ml Olivenöl
20 g Butter
schwarzer Pfeffer aus der Mühle

WALDKAVIAR:

150 g Schwarzbeeren
20 g Butter
Chiliflocken
Fleur du Sel

Backrohr mit einer kleinen Ofenform auf 70 Grad vorheizen.

In einer Pfanne mit hitzebeständigem Öl Kronfleisch auf beiden Seiten bei maximaler Temperatur anbraten. Pfanne mit Bratrückstand zur Seite geben. Kronfleisch in die gewärmte Form legen, mit Fleur du Sel, schwarzem Pfeffer und Olivenöl würzen und im Rohr 1 Stunde ziehen lassen (wenn das Fleisch dünn ist, nach 30 Minuten auf 65 Grad reduzieren).

Nach der Stunde den Saft, den das Fleisch gelassen hat, in die Pfanne mit dem Bratrückstand geben. Etwas Portwein mit dem Stärkemehl verrühren, den Rest in die Pfanne geben und aufkochen. Jetzt die Stärke einrühren und die Sauce damit binden. 2 Minuten bei wenig Hitze köcheln lassen. Dann Hitze abdrehen und die kalte Butter mit einem Schneebesen einrühren.

Für den **Waldkaviar** in einer großen Pfanne 20 g Butter schmelzen, Heidelbeeren dazugeben, mit Chiliflocken und Fleur du Sel würzen, 1 Minute schwenken (sie sollen bloß warm werden).

Das Fleisch gegen die Faserrichtung aufschneiden und auf vorgewärmten Tellern mit dem „Waldkaviar" servieren, entweder mit saftigem halbweißem Brot, gekochten Kartoffeln (Rezept S. 101) oder **Serviettenknödelscheiben** (Rezept S. 92) als Beilage.

SARDISCHE KUTTELN

Davon bloß zwei Portionen zu machen ist unpraktisch. Man kann den Rest gut einfrieren – oder ihn im Lauf der nächsten Tage essen ...

1000 g Kutteln
150 g Kichererbsen
2 mittelgroße Zwiebeln (200 g)
2 Knoblauchzehen
2 grüne Paprika
2 Fleischtomaten (200 g)
250 ml Weißwein
40 ml Olivenöl
2 Chili
2 Thymianzweige
2 Lorbeerblätter
Salz

Kichererbsen 12 Stunden einweichen.
Kutteln in Salzwasser 1 Stunde kochen, danach abspülen und entweder fein nudelig oder – originaler – in 2 cm große Quadrate schneiden.
Olivenöl in einem Topf erhitzen, fein geschnittene Zwiebeln anrösten, dann die Kutteln mitrösten, in Streifen geschnittene Paprika und Chili dazugeben, kurz darauf blättrig geschnittenen Knoblauch dazu, umrühren und mit dem Wein aufgießen. Würfelig geschnittene Tomaten und die Kichererbsen dazugeben. Mit so viel Wasser auffüllen, dass es fingerbreit über dem Inhalt steht. Thymian und Lorbeerblätter dazugeben. Zugedeckt kochen, bis die Kichererbsen weich sind. Das dauert ca. 1 Stunde.
Mit Salz abschmecken und in vorgewärmten tiefen Tellern servieren.

KALBSFRIKANDEAU MIT ROSMARIN, PARADEISERN UND OLIVEN

1 kg Kalbsfrikandeau (oder Kalbsschulter)
10 Kirschtomaten
15 Oliven
40 ml Olivenöl
40 ml Weißwein
2 Rosmarinzweige
schwarzer Pfeffer aus der Mühle
Fleur de Sel

Backrohr auf 250 Grad vorheizen.
In eine Ofenform mit gut schließendem Deckel 20 ml Olivenöl und Salzflocken geben. Das gewaschene und abgetupfte Kalbsfrikandeau darauf legen. Rundherum die Tomaten und Oliven verteilen, mit Wein begießen und die Rosmarinzweige darauflegen. Alles mit dem restlichen Olivenöl beträufeln, mit Salzflocken und Pfeffer bestreuen.
Nach 30 Minuten die Hitze auf 80 Grad reduzieren, danach noch 2 Stunden gar ziehen lassen.
Im Topf zum Tisch bringen. Mit knusprigem frischem Weißbrot servieren oder im Backrohr mit dem Kalbsfrikandeau Ofenkartoffeln (Rezept S. 104) mitbraten.

Aus dem, was übrig bleibt, entsteht ganz schnell eine Art von:

VITELLO TONNATO

200 g gebratenes Kalbfleisch
Thunfischsauce (Rezept S. 148)
2 EL Kapern

Kalbfleisch dünn aufschneiden. Etwas von der Tonnato-Sauce auf einen Teller geben, darauf das Fleisch schichten. Mit der Tonnato-Sauce überziehen und mit Kapern bestreuen.

Wer das Vitello tonnato original zubereiten möchte, kocht dafür Kalbsschulter oder Frikandeau (so wie im Rezept für gekochtes Rindfleisch, S. 192, beschrieben) und lässt das Fleisch in der Suppe kalt werden. Danach aufschneiden und mit der Sauce bedecken.

WIENER SCHNITZEL

Das klassische „Wiener Schnitzel" ist immer vom Kalb. Die Kunst dabei ist ... eigentlich gar keine. Man muss Schnitzel bloß frisch panieren und sofort essen. Und gute Bäcker-Brösel verwenden. Ansonsten hilft österreichisches Flair, um sie besonders werden zu lassen. Einen anderen Grund kann es nicht geben, warum sie mir in Deutschland, auch in guten Restaurants, noch nie geschmeckt haben.

2–4 Schnitzel aus der Kalbsschale oder der Kalbsrose (pro Person 150 g)
1 Ei
3 EL griffiges Mehl
8 EL Semmelbrösel
hitzebeständiges Öl
Salz
1 Zitrone

Kalbfleisch vorsichtig klopfen oder schon vom Fleischer klopfen lassen. Drei tiefe Teller nebeneinanderstellen. In den ersten das Mehl, in den zweiten das versprudelte Ei, in den dritten die Brösel geben.

Kalbsschnitzel etwas salzen. Zuerst ins Mehl, dann ins Ei, dann in die Brösel tauchen. Es sollte rundherum mit Bröseln bedeckt sein. Nur leicht andrücken, ja nicht anpressen. Die Panier muss sich beim Backen heben können.

In einer tiefen großen Pfanne 2 cm hoch Öl erhitzen. Wenn man einen Tropfen Wasser hineinspritzt und es zischt, ist es heiß genug. Die Schnitzel ins heiße Fett legen und auf beiden Seiten goldgelb backen. Dabei immer wieder die Pfanne schütteln, damit die Panier „soufflieren" (sich etwas heben) kann. Beim Umdrehen nicht mit einer Gabel einstechen. Vorsichtig, am besten mit einem Bratenwender, herausfischen, abtropfen und auf ein Stück Küchenrolle legen. Fett abtupfen. Noch etwas salzen.

Auf vorgewärmten Tellern mit einer halben Zitrone anrichten.

Braucht man mehrere Durchgänge, um die Schnitzel zu backen, heizt man das Backrohr auf 60 Grad und hält die fertigen Schnitzel – allerdings möglichst kurz und immer nebeneinander-, nie übereinandergelegt – auf einem Gitterblech warm.

Besonders gut passt dazu der **Wiener Erdäpfelsalat** (Rezept S. 103).

Äpfel + andere Früchte

/ Mira und ich, wir haben ja das eine oder andere gemeinsam. Dazu gehört, dass wir Pikantes lieber mögen als Süßes. Wobei: Es gibt Ausnahmen. Und es gibt Möglichkeiten, Früchte auch würzig zuzubereiten. In vielen Teilen Asiens sind sie selbstverständlicher Bestandteil von Salaten. Süß-sauer-scharf ist eine betörende Kombination.

Auch im Wok lassen sich Desserts zaubern, warm und trotzdem nicht aufwendig. Der Vorteil bei solchen fruchtigen Nachspeisen: Sie haben meist auch ziemlich wenig Kalorien.

Dass Früchte am besten schmecken, wenn sie möglichst zeitnah gepflückt wurden, ist klar. Aber viele lassen sich auch ganz gut lagern – wobei die optimalen Lagerbedingungen sehr unterschiedlich sind. Viele „Exoten" haben ja schon eine lange Tour hinter sich. Es ist übrigens ein Gerücht, dass Bananen während ihrer Schiffsreise gereift werden. Im Gegenteil: Man versucht, sie durch Entzug von Sauerstoff und eine Temperatur um die 12 Grad möglichst einheitlich grün zu halten. Erst in Europa kommen sie dann in Reifekammern. Die schwarzen Punkte auf Bananen entstehen, wenn sie Stärke in Zucker umwandeln, faul oder kaputt sind sie deswegen noch nicht. Und: Im Kühlschrank ist ihnen jedenfalls zu kalt.

Dass so ein Transport einen großen ökologischen Fußabdruck hat, ist logisch. Ob und wie viel wir von Obstsorten essen wollen, die es nur in anderen Weltgegenden gibt, ist eine Frage, die jede für sich beantworten soll. Aber: Bei Obst, das ohnehin auch bei uns wächst, ist es einfach, auf Saisonales und Heimisches zurückzugreifen. Das schmeckt nicht nur besser und ist besser für die Umwelt, sondern es hilft auch den heimischen Erzeugern. Ich kenne eine Erdbeerbäuerin, die jedes Jahr mit dem Problem zu kämpfen hat, dass sich viele bereits an den südlichen Erdbeeren abgegessen haben, bevor ihre köstlichen und nicht behandelten überhaupt reif werden.

Wenn Obst im Überfluss da ist, existieren bekanntlich viele Methoden, es für spätere Zeiten zu konservieren: Einkochen, trocknen, fermentieren – für all das gibt es eigene gute Kochbücher. Mira und ich, wir lieben Chutneys. Auch da ist das Wichtigste eine gute Mischung von süß, sauer und scharf. Egal ob dafür oder für klassische Marmeladen: Ich verwende 3:1-Gelierzucker (mein Leben ist süß genug) oder Agar-Agar plus Gelierhilfe.

Übrigens gibt es Fälle, bei denen man Äpfel und Birnen sehr wohl miteinander vergleichen kann. Dann, wenn es um die Vielfalt der Sorten geht: Säuerlich, fest, mehlig, süßlich – alles existiert und hat seinen optimalen Einsatzbereich. Am besten direkt bei den Produzentinnen kaufen und fragen!

APFEL-FENCHEL-GELEE MIT GERÄUCHERTER FORELLE

1 säuerlicher Apfel mit roter Schale (100 g)
1 kleine Fenchelknolle (150 g)
200 g geräucherte Forellenfilets (oder andere Räucherfische)
2 TL kleine Kapern
1 Jungzwiebel
300 ml Frizzante oder Sekt
1 TL Agar-Agar
20 ml Olivenöl
Salz

Fenchelknolle halbieren, den Strunk entfernen und (am besten mit der Schneidemaschine) in möglichst feine Streifen schneiden. Apfel vom Kerngehäuse befreien und in 12 Spalten schneiden. Frizzante mit Agar-Agar verrühren. Den Fenchel 2 Minuten in Olivenöl anbraten. Kapern, in Ringe geschnittene Jungzwiebel dazugeben und 1 Minuten mitbraten. Mit Frizzante aufgießen, salzen. 1 Minute kochen lassen. Die Apfelstücke dazugeben, umrühren und sofort von der Hitze nehmen.
Alles in zwei tiefen Tellern verteilen, in den Kühlschrank stellen, bis der Frizzante geliert ist. Darauf die geräucherten Forellenfilets ohne Haut legen.
Mit Klarsichtfolie bedeckt, eine stressfreie Vorspeise, die man Stunden früher vorbereiten kann.

PIKANTER MANGO-GURKEN-SALAT MIT SCHINKEN

1 feste Mango (250 g)
1 Gurke (150 g)
100 g Rohschinken
frischer Koriander (oder Petersilie)

MARINADE:
20 ml geröstetes Sesamöl
10 ml Zitronensaft
30 g Mandeln oder Walnüsse
frischer Chili
Salz

Mango in dünne lange Streifen, entkernte und geschälte Gurken in 1 cm große Würfel schneiden. ½ Stunde in einer Marinade aus geröstetem Sesamöl, in feine Streifen geschnittenem Chili, Salz, Zitronensaft und den grob gehackten Mandeln ziehen lassen. Korianderblätter abzupfen, unter den Salat mischen und ihn auf große flache Teller häufen. Rundum den dünn geschnittenen Rohschinken legen.

ERDBEER-„CARPACCIO"

150 g große feste Erdbeeren
40 ml Limoncello
1 TL + 1 EL Zucker
2 EL Crème fraîche
6 Apfelminzblätter

Die Erdbeeren der Länge nach in dünne Scheiben schneiden. Die Endstücke mit einer Gabel zerdrücken, mit Crème fraîche und 1 TL Zucker mischen. 1 EL Zucker auf einen Teller streuen. Die Erdbeeren mit der schmalen Seite Richtung Mitte vom äußeren Rand weg auflegen. Mit dem Limoncello beträufeln. In die Mitte die abgerührten Erdbeeren geben. Mit Minzblättern verzieren.

GEWOKTE ZWETSCHKEN

300 g Hauszwetschken
10 ml Sonnenblumenöl
1 EL brauner Zucker
1 EL süß-scharfe Chilisauce
10 ml Balsamessig
20 ml karibischer Rum
Salz
4 Apfelminzblätter
eventuell 2 Stück Briochebrot oder Kuchen

Zwetschken halbieren und entkernen. Öl in einem Wok (oder einer beschichteten Pfanne) erhitzen, die Zwetschken mit dem Zucker 3 Minuten schwenken. Die Chilisauce dazugeben und 1 Minute schwenken. Mit einer Prise Salz, Balsamessig und Rum abschmecken, noch einmal kurz durchschwenken und in tiefen Tellern anrichten. Mit Apfelminze garnieren.

Dieses Dessert lässt sich erweitern, indem man die gewokten Zwetschken auf getoastetes Briochebrot oder getoasteten trockenen Kuchen legt.

FLAMBIERTE FRÜCHTE

½ säuerlicher Apfel
½ feste Birne
½ kleine feste Mango
1 kleine Mandarine
15 Mandeln
20 g Butter
60 ml Grappa oder Fruchtbrand (über 40 % Alkohol)
eventuell 2 Kugeln Vanilleeis

Alle Früchte in Stücke teilen. In einer Pfanne Butter erhitzen, die Mandeln im Ganzen kurz anrösten. Danach Apfel und Birne dazugeben, nach 1 Minute die Mango, ganz zum Schluss die Mandarinenspalten. Hitze aufs Maximum und 40 ml Grappa darüber leeren. Sofort mit einem Stabfeuerzeug oder einem langen Streichholz anzünden. Hitze abdrehen.
Wenn möglich, noch brennend zum Tisch bringen. Wenn die Flammen nachlassen, mit dem restlichen Grappa begießen. Wenn sie nicht wieder hochlodern, noch einmal anzünden.
Sehr gut schmecken die flambierten Früchte mit einer Kugel Vanilleeis.

GEBACKENE APFELRINGE

1 großer säuerlicher Apfel (150 g)
20 g Butter
10 ml neutrales Öl
Staubzucker zum Bestreuen

PALATSCHINKENTEIG:
80 g glattes Mehl
1 Ei
150 ml Milch
1 TL Sonnenblumenöl
Prise Salz

Dotter, Mehl und die Hälfte der Milch mit dem Schneebesen oder dem Handmixer zu einem Teig rühren. Dann Öl, Salz und die restliche Milch dazugeben. Der Teig sollte glatt und dickflüssig sein. Das Eiklar zu Schnee schlagen und mit dem Schneebesen darunterziehen.
Vom Apfel das Kerngehäuse ausstechen, den Apfel in 1 cm dicke Ringe schneiden. In einer großen Pfanne Öl und Butter erhitzen, die Apfelringe durch den Teig ziehen, mittels eines großen Löffels mit viel Teig in die Pfanne geben und auf beiden Seiten bei mittlerer Hitze goldgelb backen.
Anrichten und mit Zucker bestreuen.

Gibt man gleich das ganze Ei zum Teig, erhält man klassische Palatschinken.

Palatschinken

Man lässt den Teig in einer Pfanne mit ganz wenig Öl oder Butter verlaufen und bäckt ihn auf beiden Seiten goldbraun.
Marillenmarmelade (eventuell einen Schuss Rum dazugeben) auf die warme Palatschinke streichen und zusammenrollen. Noch warm mit Zucker bestreut servieren.
Auch sehr gut: Frische Früchte schneiden, kurz in etwas Butter anbraten und die Palatschinken damit füllen.

Palatschinken schmecken auch mit „salzigen" Füllungen ausgezeichnet: zum Beispiel mit pikantem Spinat (Rezept S. 16), der einfachen Tomatensauce (Rezept S. 32) oder gebratenem scharfen Spargel (Rezept S. 54).

Überbackene Palatschinken

entstehen, wenn man pikant gefüllte Palatschinken nebeneinander in eine feuerfeste Form legt, 250 ml Sauerrahm mit 1 Ei, etwas Salz und eventuell geriebenem Käse verrührt und das über die Palatschinken gießt. Sie werden im vorgeheizten Rohr bei 180 Grad gebacken, bis die Oberfläche goldbraun ist.

RHABARBERTÖRTCHEN

Einfacher geht's nicht – und: Diese Törtchen haben noch dazu ganz wenig Kalorien. Perfekt für die Rhabarberzeit im Frühling, wo die eine oder der andere sowieso etwas Winterspeck loswerden möchte.

200 g Rhabarber
100 ml Roséwein
40 g Zucker
1 Zimtstange
½ Pkg. Tortengelee
6 Apfelminzblätter

Rhabarber schräg angesetzt in schmale Stücke schneiden. Den Wein mit Zucker und Tortengelee verrühren. Mit der Zimtstange aufkochen. Rhabarber einlegen und 1 Minute zugedeckt garen. Umrühren. Hitze abdrehen und 3 Minuten zugedeckt ziehen lassen. Alles in kleine Silikonförmchen füllen. Wer keine hat, legt Tassen mit Klarsichtfolie aus oder gießt das Rhabarbergelee in tiefe Suppenteller. Abdecken und im Kühlschrank fest werden lassen. Dann gestürzt oder im Suppenteller anrichten, mit Minze verzieren.

MARILLEN-CRUMBLE

Eine besonders köstliche – und einfache – Art, aus frischen Früchten ein Dessert zu zaubern.

300 g Marillen
20 g Bäckerbrösel
50 g Butter
20 g brauner Zucker
20 g geriebene Mandeln
gemahlener Zimt
Prise Salz

Backrohr auf 170 Grad vorheizen
Die Marillen entkernen und halbieren, große vierteln. In zwei kleine feuerfeste Förmchen geben.
Alle anderen Zutaten, die kalte Butter obenauf, auf ein großes Brett geben. Die Butter mit einem Messer in immer kleinere Stücke schneiden, bis sie regelmäßig mit den anderen Zutaten vermischt ist. Danach mit den Händen krümeln – es soll kein Teig werden, sondern eine lockere krümelige Mischung. Auf den Früchten verteilen und 30 Minuten backen. Heiß servieren.

Für dieses Crumble-Rezept kann man auch viele andere Früchte der Saison verwenden: Nektarinen, Äpfel, Zwetschken, Birnen, Beeren ... Hauptsache, er hat diese Mischung aus säuerlich und süß, aus weicher warmer Frucht und knusprigem Streusel.

GERDAS FRÜCHTEKUCHEN

Meine Freundinnen im Weinviertel sind mir oft haushoch überlegen – unter anderem dann, wenn es ums Backen geht. Vor Weihnachten und Hochzeiten werden traditionellerweise viele Sorten von „Krapferln" zubereitet – Kleingebäck, vom Keks bis zu Petit-Four-Kreationen, die mit französischer Patisserie mithalten können. Dieser Kuchen, den unsere Freundin Gerda gerne einfach so „nebenher" bäckt, macht allerdings wirklich keinen Stress.

150 g kandierte Früchte
6 Eier
140 g Staubzucker
120 g Mehl
1 EL zimmerwarme Butter

Backrohr auf 180 Grad Ober- und Unterhitze vorheizen.
Dotter und Zucker mit dem Handmixer oder in der Küchenmaschine schaumig rühren, dann die Butter einrühren. Das Mehl mit den Früchten vermischen (so kleben sie weniger zusammen und sinken beim Backen

weniger zu Boden) und beides zur Masse geben. Eiklar zu einem festen Schnee schlagen und vorsichtig mit dem Schneebesen unterziehen.
Eine Kastenform mit etwas Butter rundum ausschmieren und bemehlen. Die Masse einfüllen und 45 Minuten backen. Etwas abkühlen lassen und noch warm stürzen.

FEIGEN-CHUTNEY

Pikant-Süßes hat es Mira angetan. Und Chutney, das weiß ich aus eigener Erfahrung, passt sogar wunderbar aufs Frühstücksbrot.

2 kg Feigen
500 g Gelierzucker (3:1)
2 frische Chili (oder mehr)
80 ml Weißweinessig
80 ml Weißwein
1 TL Salz

Reife Feigen in 4 bis 8 Teile schneiden, mit dem Weißwein, dem Essig und dem in feine Streifen geschnittenen Chili aufkochen. 5 Minuten auf kleiner Flamme kochen und immer wieder umrühren. Gelierzucker und Salz dazugeben und weitere 10 Minuten kochen, immer wieder umrühren. Noch ganz heiß in saubere Gläser mit Schraubverschluss füllen. Die Gläser sofort verschließen, abkühlen lassen und danach kühl und trocken lagern.

Dieses Chutney lässt sich auch mit reifen Marillen, Zwetschken oder Mango zubereiten. Das Wichtigste für ein gelungenes Chutney ist diese Mischung aus fruchtig, scharf und säuerlich.
Es passt unter anderem wunderbar zu Käse (zum Beispiel Rezept S. 222) oder aber auch zu Roastbeef (Rezept S. 195).

ZITRUSFRÜCHTE IN SIRUP

Vesna ist, anders als Mira, keine besonders begeisterte Köchin. Dafür mag sie Süßes. In „Alles rot" lernt sie in Zypern in Sirup eingelegte Orangenschalen kennen – und ist während des ganzen Falls hinter dem Rezept her. Am Ende bekommt sie es. Manches geht eben wirklich gut aus.

3 kg Bio-Orangen
1 kg Zucker
Küchengarn + passende Nadel

Früchte gut waschen. Mit einem scharfen Messer 3–4 cm breite, möglichst lange Stücke der Schale abschneiden – das Weiße soll bei der Schale bleiben!
(Die geschälten Früchte gibt man zur Seite, isst sie pur in Scheiben geschnitten oder mariniert sie mit etwas Likör.)
Die Schalenstreifen einrollen, mit Nadel und Küchengarn der Reihe nach auffädeln und so die Rollen fixieren. Die Rollen 3 Tage im kalten Wasser ziehen lassen, jeden Tag das Wasser wechseln. Dann mit Wasser bedeckt kochen, bis sie weich sind. Den Faden entfernen.
Gleich viel Wasser und Zucker zu Sirup kochen, die Früchte vorsichtig eine Viertelstunde mitkochen, darin liegen lassen und am nächsten Tag noch einmal aufkochen.
In Gläser füllen und kühl und finster stellen (oder im Kühlschrank lassen).

Auch Grapefruits oder große vollreife Zitronen kann man auf diese Art verarbeiten. Wichtig ist in jedem Fall, dass die Schale unbehandelt ist.
Wer sich das klassische Auffädeln ersparen will: Die Schalen in Sirup schmecken auch ausgezeichnet, wenn man die Stücke, ohne sie einzurollen, in Sirup legt.

Schokolade

/ Bei Schokolade, die so richtig nach Schokobohnen schmeckt, wird auch Mira schwach. Das ist sozusagen „amtlich", nachdem es in „Gut, aber tot" auch ein überaus findiger Bezirkspolizeikommandant festgestellt hat. Ich mag besonders die Kombination von dunkler Schokolade mit säuerlichen Früchten – sie geben einander den gewissen „Kick". Gute Schokolade sollte übrigens nie ganz kalt gegessen werden, die vielfältigen Aromen können sich erst ab Zimmertemperatur so richtig entfalten. Apropos wärmen: Zu schnell erhitzt, flockt Schokolade aus. Daher sollte man sie immer auf der kleinsten Stufe Induktion oder im Wasserbad schmelzen (indem man einfach einen kleinen Topf mit der zerteilten Schokolade in einen größeren Topf mit köchelndem Wasser gibt) und dabei umrühren. Wenn nur mehr wenige Schoko-Stücke sichtbar sind, ist es Zeit, den Topf von der Hitze zu nehmen.

Wenn Schokolade grau wird, ist sie deswegen noch nicht verdorben. Sie wurde bloß zu kalt oder zu warm gelagert. Optimal für Schokolade ist ein trockener Ort mit 16 bis 18 Grad. Liegt sie lange zu kalt und zu feucht, zum Beispiel im Kühlschrank, kann sich ein sogenannter „Zuckerreif" ansetzen, Feuchtigkeit an der Oberfläche löst den Zucker heraus. Wird sie zu warm aufbewahrt, setzt sich Kakaobutter ab. Wird solche Schokolade geschmolzen, verbinden sich die Bestandteile wieder und sie glänzt appetitlich. Daraus kann man auch hübsche Verzierungen herstellen: Geschmolzene Schokolade (oder Kochschokolade mit etwas festem Kokosfett) in ein Säckchen füllen, die Spitze abschneiden und auf Backtrennpapier oder Klarsichtfolie Kringel und Ornamente spritzen. Im Kühlschrank fest werden lassen und vorsichtig abziehen.

Aus Schokolade lassen sich übrigens nicht nur Desserts herstellen: Die mexikanische „Mole" aus möglichst naturbelassener hundertprozentiger Schokolade, Tomaten, Chili und vielen Gewürzen ist weltberühmt. Mira bereitet sie in „Unterm Messer" zu (das Rezept gibt's auf S. 164) – kein Wunder, dieser Krimi spielt zum Gutteil in der Steiermark und dort gibt es einen Chocolatier, der wiederholt zum besten der Welt gekürt worden ist. Josef Zotter, mit seinen verschiedenfarbigen Schuhen fest auf regionalem Boden, mit dem Kopf ständig auf Reisen, ist für mich Inspiration, nicht nur was Kochbücher und Krimis angeht.

PAPAYA MIT CHILISCHOKOLADE

2 dicke Scheiben Papaya (je 100 g)
10 g Butter
60 g dunkle Schokolade (mindestens 70 %)
60 ml Kokosrum (oder Likör nach Wahl)
1 Chili
2 Kugeln Vanilleeis
2 Blätter Apfelminze

Aus der Mitte der Papaya zwei dicke Ringe schneiden. Entkernen und schälen. Bei wenig Hitze auf beiden Seiten in Butter anbraten. Das macht das Aroma intensiver.

In einen kleinen Topf die Schokolade bröckeln, 30 ml Kokosrum und den fein geschnittenen Chili dazugeben. Die Schokolade im Wasserbad schmelzen (siehe S. 213). Zum Schluss den restlichen Kokosrum einrühren.

Papaya auf große Teller legen. Chilischokolade darüber gießen. In die Mitte eine Kugel Vanilleeis setzen, mit einem Minzblatt dekorieren.

Wer auf die exotische Frucht verzichten will, nimmt große festfleischige Herbstbirnen.

TORTA CAPRESE

200 g Schokolade (70% Kakaoanteil)
200 g zimmerwarme Butter
160 g Kristallzucker
260 g geriebene Mandeln
Schale von 1 Orange
4 Eier
1 EL Gran Marnier
Prise Salz
Staubzucker zum Bestäuben

Backrohr auf 170 Grad vorheizen.
Eine Springform mit ca. 28 cm mit Butter rundum ausschmieren. Schokolade im Wasserbad schmelzen (siehe S. 213) und etwas abkühlen lassen. Dotter und Zucker mit dem Gran Marnier schaumig rühren. Die zimmerwarme Butter, die Mandeln, die mit einer Reibe abgelöste Orangenschale und danach die Schokolade einrühren. Eiklar mit der Prise Salz zu Schnee schlagen und unterheben. Den Teig in die Springform füllen und 50 Minuten backen. Ausgekühlt aus der Form nehmen und mit Staubzucker bestreuen.

SCHOKO-RUM-KUGELN

Mira und mir geht beim Kuchenbacken ab und zu etwas schief. Aber wir haben einen Plan B. Nämlich diese Kugeln. Weil sie mir besser schmecken als die meisten Kuchen, gibt es sie inzwischen auch ohne vorausgegangenes „Unglück".

200 g Kuchen (Biskuit o. Ä.)
150 g dunkle Schokolade
3 EL Marmelade
40 ml Rum
Kakao oder geriebene Schokolade

Schokolade im Wasserbad schmelzen (siehe S. 213).
Den Kuchen in eine Schüssel bröseln. Marmelade, je nach Geschmack süß oder säuerlicher, und Rum dazugeben, die Schokolade darüber leeren. Alles gut vermischen. Ein flaches Gefäß mit Kakao oder geriebener Schokolade bestreuen. Aus jeweils 1 EL Masse mit den Händen Kugeln formen (die Masse ist ziemlich weich, aber das passt) und sie sofort im Kakao wälzen. Die Kugeln für einige Stunden in den Kühlschrank stellen.

SCHOKO-KARDAMOM-MOUSSE MIT HIMBEEREN

Eine kleinere Menge lässt sich nicht zubereiten – aber das Mousse hält einige Tage im Kühlschrank. Und es lässt sich wunderbar einfrieren.

100 g Schokolade (75%)
3 Dotter
40 ml Espresso
20 ml Rum
4 Blatt Gelatine
250 ml Obers
1 TL gemahlener Kardamom

MARINIERTE HIMBEEREN:
150 g Himbeeren
30 g Zucker
20 ml Zitronensaft
4 Blätter Apfelminze

Einen Topf mit Wasser, der so groß ist, dass der Schneekessel darauf passt, zum Kochen bringen. Gelatine in kaltem Wasser einweichen. 20 ml Espresso und 20 ml Rum gemeinsam auf ca. 60 Grad erwärmen und die ausgedrückte Gelatine darin auflösen. 20 ml Kaffee mit den Dottern und dem Kardamom im Schneekessel über dem aufsteigenden Dampf schlagen. Das geht gut mit einem Handmixer, am „originalsten" ist es mit dem Schneebesen. So wird auch eine Fitness-Übung daraus. Wenn sich das Volumen verdoppelt hat und die Masse warm ist (sie sollte nicht über 60 Grad haben, sonst gerinnen die Dotter), die aufgelöste Gelatine einrühren. Von der Hitze nehmen und 5 Minuten weiterschlagen. Schokolade im Wasserbad schmelzen (siehe S. 213), mit dem Schneebesen in die warme Dottermasse einrühren. Obers schlagen und vorsichtig darunterziehen. Eine Kastenform mit einigen Tropfen Wasser besprühen und mit Klarsichtfolie glatt auslegen. Schoko-Kardamom-Mousse einfüllen und einige Stunden kühl stellen. Die Hälfte der Himbeeren in einer Schüssel mit dem Schneebesen mit Zucker und Zitronensaft verrühren. Auf große Teller streichen, darauf eine Scheibe vom Schoko-Kardamom-Mousse legen. Mit den restlichen Himbeeren und Apfelminze verzieren.

Wer einen Teil davon einfriert, nimmt das Mousse 15 Minuten vor dem Anrichten aus dem Tiefkühler – und hat so ein perfektes **Semifreddo**.

Käse

Mira liebt Pecorino Sardo, den würzigen sardischen Schafkäse. Das ist wohl niemandem, der dieses Kochbuch gelesen hat, entgangen. Gerieben macht er Pasta-Saucen füllig und cremig, gehobelt ergänzt er Schinken und Gemüse. Und einfach so als Dessert, vielleicht mit etwas Honig oder Chutney – ein Gedicht!

Aber es lohnt sich auch, herauszufinden, ob es nicht in der eigenen Umgebung Käsemacher oder Käsereien gibt. Gerade in Österreich hat sich auf diesem Sektor viel getan.

Wichtig ist bei jedem Käse die Temperatur: Bis auf ganz junge und ganz fette Käsesorten sollte er immer bei Zimmertemperatur verwendet werden. Am besten, man nimmt ihn schon einige Stunden vorher aus dem Kühlschrank. Und: Käse, der in Folie verschweißt ist, muss zuerst wieder atmen, bis er Aroma entfaltet. Parmesan sollte man dazu ein, zwei Tage Zeit geben. Teilweise bei Zimmertemperatur und dann wieder im Kühlschrank. So kann man übrigens auch zu junge Käse reifen: einige Stunden im Warmen, dann wieder eingepackt in Papier oder Klarsichtfolie einige Stunden im Kühlschrank, dann wieder ... bis er richtig gut schmeckt. Sorge, dass er dabei verdirbt, muss man keine haben.

Bei vielen Käsesorten ist Schimmel ja ein gewünschter Bestandteil, bei anderen aber nicht. Ungenießbar werden Nicht-Schimmel-Käse, die von Schimmel befallen wurden, aber nur in wenigen Fällen. Diese „bösen" Schimmelkulturen sind noch dazu leicht zu erkennen: Rosa bis gelbliche Punkte am Käse sind so ein Alarmsignal, graue, grüne bis schwarze, meist richtig wuchernde Pilzsporen ebenso. Dieser Käse gehört leider entsorgt. Weiße Punkte am Käse sind übrigens so gut wie nie Schimmel, sondern Salzkristalle, die an die Oberfläche kommen. Man lässt sie drauf oder tupft den Käse mit einem Stück feuchter Küchenrolle ab.

Dass Rohmilchkäse nichts für Leute mit schwachem Immunsystem oder Schwangere ist, gilt inzwischen als Allgemeingut. Käsesorten, deren Milch nicht pasteurisiert oder bei denen der Käse nicht erhitzt wurde, können Listerien und andere Bakterienkulturen enthalten – teilweise sind die freilich auch für den guten Geschmack verantwortlich. Allerdings: Die Qualität der Milch und die sorgfältige Zubereitung spielen eine mindestens so große Rolle wie die „Naturbelassenheit" des Rohprodukts.

Ganz nahe am Ausgangsprodukt, der Milch, sind Topfen (Quark) und Ricotta. Aus ihnen lassen sich bekanntlich sowohl pikante als auch süße Köstlichkeiten zubereiten. Übrigens: Eine Prise Salz verhindert, dass sie pappig schmecken.

LIPTAUER

Ein österreichischer Klassiker. Er darf übrigens „offiziell" nur so heißen, wenn er Butter enthält. Es gibt freilich auch eine – im doppelten Sinn – leichtere Variante.

250 g Topfen
150 g Butter oder 100 g Crème fraîche
2 Essiggurken
1 EL Sardellenpasta
1 EL Kapern
2 Pfefferoni
2 Knoblauchzehen
2 Jungzwiebeln
Gurkerlwasser
2 EL gemahlener Paprika
1 TL gemahlener Kümmel
Salz

Zimmerwarme Butter oder Crème fraîche mit dem Topfen mischen. Alle festen Zutaten klein schneiden und gemeinsam mit den Gewürzen untermengen. Zum Schluss die Konsistenz mit etwas Gurkerlwasser (der Flüssigkeit im Gurkenglas) cremig machen.

QUARGELAUFSTRICH

200 g Quargel (oder Handkäse)
200 g streichfähige Butter (oder Margarine)
1 EL geschroteter Kümmel
Chilipulver
Salz

Quargel auf Zimmertemperatur bringen. Alle Zutaten mit einem kräftigen Stabmixer cremig schlagen.

GRAUKÄSE MIT RADICCHIO

Dieses Gericht verbinde ich mit schönen Abenden in Südtirol, gemeinsam mit meinen Freund*innen vom Folio-Verlag. Abgesehen davon hat es noch andere Vorzüge: Es hat wenig Kalorien, ist ganz rasch zubereitet und schmeckt …

120 g Graukäse (oder Quargel oder Handkäse)
50 g Radicchio
1 Jungzwiebel
Balsamessig
Sonnenblumenöl
schwarzer Pfeffer aus der Mühle
Fleur de Sel

Radicchio zerzupfen (am besten ist der Radicchio Trevigiano mit seinen langen schmalen Blättern) und auf große flache Teller legen. Darauf den in Stücke geschnittenen Graukäse geben und darauf die in Ringe geschnittene Jungzwiebel. Mit Pfeffer und Salzflocken bestreuen, mit Öl und Balsamessig beträufeln.

BRIMSEN-BUTTERMILCH-MOUSSE

200 g Brimsen
200 ml Buttermilch
100 ml Obers
5 Gelatineblätter
Salz
eventuell Chilipulver

Gelatine in kaltem Wasser 5 Minuten einweichen. Buttermilch langsam erhitzen, aber nicht zum Kochen bringen, darin die abgetropfte Gelatine auflösen. Mit dem Schneebesen den Brimsen unterrühren, salzen, eventuell Chilipulver dazugeben. Obers halbfest schlagen und unterziehen.

Eine längliche Form mit einigen Tropfen Wasser besprühen, mit Klarsichtfolie auslegen und die Masse einfüllen. Im Kühlschrank zumindest 3 Stunden fest werden lassen.

Sehr gut passt darunter **Zucchini-Carpaccio**. Dafür schneidet man eine junge Zucchini der Länge nach in 2 mm dicke Scheiben und belegt damit große Teller. Mit Salzflocken und schwarzem Pfeffer aus der Mühle bestreuen, mit Balsamessig und Olivenöl beträufeln. Dann eine Scheibe vom Brimsen-Buttermilch-Mousse auf die Zucchini legen. Mit Kräutern dekorieren.

ZIEGENCAMEMBERT + SCHWARZBROT

200 g Ziegencamembert
50 g Roggenbrot (oder anderes dunkles, fein vermahlenes)
20 ml Olivenöl
Fleur de Sel

Ziegencamembert einige Stunden bei Zimmertemperatur reifen lassen.

Grill auf mittlere Temperatur vorheizen.

Brot mit der Schneidemaschine in ganz dünne Stücke schneiden (am besten geht das, wenn es schon etwas älter ist). Ein Blech mit Olivenöl beträufeln, einige Salzflocken darauf geben. Die Brotstücke auflegen. Mit zumindest 15 cm Abstand vom Grill einschieben, wenn die Brote dunkle Stellen bekommen und sich zu wellen beginnen, den Grill abdrehen. Die Brote noch einige Minuten durchtrocknen lassen.

Ziegenkäse gemeinsam mit dem knusprigen Brot servieren.

GESCHMOLZENER SCHAFKÄSE

Dieses Gericht fehlt nie, wenn in den sardischen Bergen viele verschiedene Vorspeisen auf den Tisch kommen. Käse gibt es überall und einen warmen Ofen auch.

200 g junger Schafkäse
10 ml Balsamico

Backrohr (oder Grill) auf 180 Grad vorheizen
Den Käse in eine kleine feuerfeste Form geben. Goldgelb schmelzen. Ein paar Tropfen guten Balsamico darüber geben.

Sehr gut passt dazu ein pikantes **Chutney** (Rezept S. 211).

HALLOUMI UND LUNZA

Es gibt ein Mira-Valensky-Gericht, das ich nicht in dieses Kochbuch aufgenommen habe. In „Alles rot" erklärt ihr Zlatka, wie man selbst Halloumi macht. Alles fängt damit an, dass man ein paar Liter nicht pasteurisierte Milch auf 34 Grad erhitzt. Die geniale Köchin Zlatka findet auch das, was folgt, nicht weiter kompliziert. Ist es – eigentlich – auch nicht. Bloß für ein Kochbuch, das NO STRESS heißt, vielleicht doch nicht so geeignet. Wer trotzdem wissen will, wie es geht, kann mich fragen. Ansonsten gibt es auch sehr guten Halloumi zu kaufen. Handgemachten erkennt man übrigens daran, dass die Stücke nicht ganz glatt sind, sondern in der Mitte gefaltet wurden, meist sieht man in dieser Falte noch etwas Minze.

200 g Halloumi
100 g Lunza (geräuchertes Schweinsfilet oder Schweinelende, die in Zypern mit Rotwein und Koriandersamen mariniert wird)
20 ml Olivenöl
Apfelminzblätter

Auf dem Grill oder in einer großen Pfanne 1 cm dicke Scheiben Lunza und 2 cm dicke Scheiben Halloumi auf beiden Seiten in Olivenöl goldbraun braten, gleich in der Pfanne oder auf einem vorgewärmten Teller zu Tisch bringen. Mit Apfelminze dekorieren.

KARAMELLISIERTER ZIEGENFRISCHKÄSE AUF DER FRÜHLINGSWIESE

2 Törtchen vom Ziegenfrischkäse (je 80 g)
2 TL Kristallzucker
Frühlingssalate und Kräuter
1 Radieschen
Veilchen, Gänseblümchen
Balsamessig
Olivenöl
Fleur de Sel
Für dieses Gericht braucht man einen Karamelliseur (oder ein sehr starkes Zigarrenfeuerzeug)

Teller mit Frühlingssalaten und Kräutern belegen, zum Beispiel Bärlauch, Kerbel, Zitronenmelisse, Rucola, junge Salatblätter, Schnittlauchhalme. In die Mitte das Ziegenfrischkäse-Törtchen setzen. Ist es zu groß, wird einfach eines in der Mitte halbiert, sodass man zwei flachere Törtchen erhält. Auf jedem 1 TL Zucker verteilen. Mit dem Karamelliseur abflämmen, bis der Zucker schmilzt und eine braune Kruste bildet. Kein Problem, mit dem Feuer voll auf den Zucker zu fahren. Mit Salzflocken, Balsamessig und Olivenöl würzen, dann die „Frühlingswiese" mit fein geschnittenen Radieschen und den essbaren Blüten bestreuen.

GEBACKENER FETA MIT TOMATEN

Während ich dieses Buch geschrieben habe, ist aus den USA gerade ein Kulinarik-Hype zu uns geschwappt: gebackener Feta. Meist werden dafür frische Tomaten gemeinsam mit einem ganzen „Ziegel" Feta im Ofen zubereitet. Gar nicht übel. Das folgende Rezept freilich gibt es schon lange. Ich weiß nicht mehr, ob ich es in Zypern oder in Italien aufgeschnappt habe.

150 g Feta
6 getrocknete Tomaten in Öl
schwarzer Pfeffer aus der Mühle
Fleur de Sel

Grill aufs Maximum erhitzen.
Etwas vom Tomatenöl in eine kleine feuerfeste Form geben. Feta in große Würfel schneiden, Tomaten halbieren, beides mischen und in die Form geben. Mit Pfeffer und Salzflocken würzen. Grillen, bis sich die Spitzen dunkel verfärben.
Als Vorspeise mit frischem Brot oder als Hauptspeise gemeinsam mit **Tsatsiki** (Rezept S. 22) und **eingelegtem Gemüse** (Rezept S. 21) servieren.

TOPFENKNÖDERL

250 g Topfen (20% Fett)
1 Ei
2 EL Gries (30 g)
1 EL Öl (10 ml)
1 EL Brösel (15 g)
Salz

BUTTERBRÖSEL:

40 g Butter
50 g Brösel
2 EL Kristallzucker (30 g)
Staubzucker

Ei und Öl mit dem Handmixer aufschlagen. Danach Topfen, Gries, Brösel und eine Prise Salz dazugeben. Zu einem homogenen Teig rühren. 30 Minuten bei Zimmertemperatur rasten lassen.

1½ l Wasser mit 1 TL Salz aufkochen. Kleine Knödel formen (die Masse ist ziemlich weich, aber das passt so) und einlegen. Hitze aufs Minimum reduzieren und die Knödel 10 Minuten gar ziehen lassen.

In einer großen Pfanne die Butter schmelzen, Brösel und Kristallzucker dazugeben und vorsichtig rösten, bis die Butterbrösel etwas Farbe bekommen. Hitze abdrehen. Achtung! Sie bräunen nach.

Die Knödel mit einem Siebschöpfer aus dem Wasser direkt auf die Brösel geben und darin wälzen. Heiß mit Staubzucker bestreut servieren.

Sehr gut passen dazu die **marinierten Himbeeren** vom Rezept S. 216.

PARDULAS

Das ist eine der legendären sardischen Süßspeisen auf Ricotta-Basis. Ich bin ihnen im Palmira, dem kulinarischen Mittelpunkt von Torre delle Stelle, verfallen. Mira wird sie in Band 21 zubereiten – und ich bin guten Mutes, dass sie es schafft. Noch dazu, wo ich herausgefunden habe, dass sich der dünne Teig durch gekauften Strudelteig ersetzen lässt.

TEIG:

200 g Weizenmehl 00 (entspricht glattem Mehl 480)
100 ml Wasser
30 g Schmalz oder Butter
Prise Salz
oder: fertiger Strudelteig

FÜLLE:

500 g Ricotta (oder Topfen mit 20% Fett)
80 g Zucker
60 g Weizenmehl
4 Eidotter
1 Pkg. Safranpulver
Schale von 1 Bio-Zitrone und 1 Bio-Orange
Salz
1 Eiklar
Staubzucker oder Honig

Backrohr auf 160 Grad vorheizen.

Der Teig entspricht in etwa unserem Strudelteig. Man häuft das Mehl in eine große Schüssel, macht in die Mitte eine Vertiefung, gibt in die Mitte das Schmalz (oder die zimmerwarme Butter), eine Prise Salz und dann das Wasser. Den Teig mit den Händen kneten, bis er seidig ist. In Klarsichtfolie wickeln und bei Zimmertemperatur stehen lassen.

Oder man verwendet zwei übereinandergelegte fertige Strudelteigblätter.

Den gut abgetropften Ricotta (wenn er feucht ist, einige Stunden in einem Sieb zum Abtropfen in den Kühlschrank stellen) mit Zucker, Eidotter, Mehl, Safran, einer Prise Salz in eine Schüssel geben. Mit einer feinen Reibe die Schale von der Orange und der Zitrone darüber reiben. Alles gut durchrühren.

Den Teig möglichst dünn ausrollen. 10 cm große Ringe ausstechen. In die Mitte jedes Ringes 1 EL der Fülle geben. Den Rand des Teiges mit Eiklar bepinseln. Dann zuerst links und rechts zusammendrücken, dann oben und unten und dann zwischen den vier Stellen, sodass eine Art Schüsselchen entsteht.

Die Pardulas auf ein Backblech setzen, ca. 40 Minuten backen, bis sie goldgelb sind. Mit Zucker bestreuen oder mit Honig beträufeln.

Dieses Rezept kann man übrigens auch salzig zubereiten: Man lässt den Zucker weg und ersetzt ihn durch geriebenen Käse.

Zu einigen ganz wichtigen Produkten, die trotzdem kaum jemals im Mittelpunkt einer Speise stehen:

Salz

Abgeklärte Koch-Profis sagen: Salz ist Salz ist Salz. Das Herumgetue mit den inzwischen hunderterlei Salzsorten finden sie lächerlich.

Tatsächlich: Salz in seiner reinen Form ist immer Natriumchlorid. Also haben sie recht. Aber nicht ganz.

Denn erstens gibt es viele Einschlüsse im Salz. So hat das berühmte Himalaya-Salz seine hübsche rosa Farbe (sie verliert sich beim Kochen) von einer geringfügigen Beimischung an Eisenoxid. Besser wird es dadurch nicht, es schmeckt auch nicht anders.

Zweitens hat Salz auch unterschiedliche Strukturen und Zusätze. Fein vermahlenem Steinsalz oder aus Sole gewonnenem feinem Meersalz wird für die „Rieselfreudigkeit" häufig eine geringe Menge an Kalk- oder Magnesiumcarbonat zugesetzt, keine Sorge, schädlich ist das nicht. Außerdem sind viele Speisesalze jodiert, das soll der Vorbeugung gegen Kropf, also einer Fehlfunktion der Schilddrüse, dienen. Ob man es wirklich braucht? Ich hab das bisher nicht herausgefunden. Jodierte Salze haben in der EU übrigens ein Ablaufdatum, Salze, denen nichts zugesetzt wurde, haben keines. Ein Teil unserer herkömmlichen Salze wird auch mit Fluorid ergänzt. Das schmeckt man nicht, es ist unbedenklich und es wirkt erwiesenermaßen gegen Karies. Weniger gesund ist die Beigabe von Natriumnitrit fürs Pökelsalz. Es verleiht dem Fleisch und der Wurst eine schöne rote Farbe, längere Haltbarkeit und auch einen besonderen, eher säuerlichen Zusatzgeschmack. Nichts gegen ein Surschnitzel oder eine entsprechend behandelte Wurst hin und wieder, zu viel davon sollte man aber vermeiden.

Eines meiner Lieblingssalze ist Fleur de Sel, auf Italienisch Fior di Sale und mit dem ungebräuchlichen deutschen Namen Salzblume. Es wird an heißen und windstillen Tagen in Salzgärten, natürlichen Meerwasserbecken an der Küstenlinie, von der Wasseroberfläche abgeschöpft. Neben Natriumchlorid sind auch Spuren von Calcium, Magnesium und Kalium enthalten. Vor allem aber, und damit haben die „Salz ist Salz ist Salz"-Überzeugten unrecht: Die zarten Kristalle erzeugen am Gaumen ein ganz anderes Gefühl als fein gemahlenes Salz.

Wer also im letzten Moment mit Fleur de Sel würzt, kann besondere Geschmacksakzente setzen.

Ab und zu passiert es mir, dass ich nicht mehr weiß, ob ich eine Speise genug gesalzen habe, oder ob ihr noch Salz fehlt. Irgendetwas passt nicht, ich koste und koste – und kann immer weniger entscheiden, was es ist. Dafür gibt es eine einfache Hilfe: Etwas von der Speise in eine kleine Schüssel oder auf einen großen Löffel geben, vorsichtig darüber salzen und dann kosten. Ist der Geschmack jetzt „runder", also besser, dann kann ich getrost die ganze Speise salzen. Wenn nicht, dann ist wahrscheinlich eher schon zu viel Salz im Gericht – oder es fehlt etwas anderes.

Und was tun, wenn man ein Gericht einmal wirklich ordentlich versalzen hat? Ein Patentrezept gibt es nicht, oft hilft einfach verdünnen – mit Wasser oder einem ungesalzenen Fond, auch Apfelsaft kann nützen. Oder man mengt ungesalzene Kartoffeln, Couscous oder die sardische Fregola unter.

Noch etwas: Eine Prise Salz (so viel, wie zwischen zwei Finger passt) tut auch den meisten Süßspeisen gut.

Zucker

Staubzucker heißt in einem Großteil Deutschlands und der Schweiz Puderzucker. In Österreich kann das fast obszön klingen, dabei belasse ich es hier auch schon, ich bin ja keiner jener männlichen Köche, die angeblich nur über die drei F reden können. (Soll jede raten, was das sein kann. Fußball könnte dabei sein. Auch Formel 1.) Dieser Zucker ist jedenfalls fein vermahlen, aber er löst sich deswegen nicht besser in kalten Flüssigkeiten auf, sondern im Gegenteil, damit er die pulvrige Konsistenz behält, ist ihm etwas Maisstärke zugesetzt und das lässt ihn mit Wasser leicht verklumpen. Man verwendet ihn in erster Linie für Glasuren, Zuckermassen wie Marzipan und zum Bestreuen von Süßspeisen.

Wenn ich in den Rezepten von Zucker schreibe, meine ich herkömmlichen weißen Kristallzucker. Er wird vor allem aus der Zuckerrübe oder Zuckerrohr gewonnen – seine Geschichte ist spannend und eng verknüpft mit der Entwicklung ganzer Länder, mit Reichtum und Unterdrückung. Kristallzucker ist leicht löslich und, wie wir alle wissen, allzu oft in allzu großer Menge in Nahrungsmitteln enthalten, in denen wir ihn gar nicht vermuten würden. Wenn übrigens bei der Lebensmittelkennzeichnung als Inhaltsstoff „Fruchtzucker" oder „Fructose" angegeben wird, so macht das die Produkte nicht gesünder.

Ganz im Gegenteil. Es handelt sich um meist chemisch hergestellten Einfachzucker, der im Körper schwerer abgebaut werden kann. Vor dem Genuss von Obst braucht man sich deswegen aber nicht zu fürchten: Die darin enthaltene Fructose ist ein wichtiger und gesunder Energielieferant – und übrigens selbst bei süßen Früchten viel niedriger dosiert als in Fertigprodukten. Es hängt also, unter anderem, wieder einmal von der Menge ab. Apropos: Obwohl ich keine „Süße" bin, finde ich, dass eine Prise Zucker auch pikanten Saucen guttut. Das ist natürlich Geschmackssache. Um die Frage, ob zum Beispiel in den in Ostösterreich heiligen Erdäpfelsalat ausreichend Zucker gehört, gibt es regelrechte Glaubenskriege. Mein Tipp: Ausprobieren, was einem schmeckt, und fertig. Zur Not nennt man ihn einfach Kartoffelsalat.

Auch Rohzucker und brauner Zucker gelten als gesünder. Wahrscheinlich, weil sie so „natürlich", also nicht weiß, aussehen. Dabei wird der Rohzucker einfach weniger gereinigt, der Fachausdruck lautet „raffiniert". Dafür werden die Zuckerkristalle ausgewaschen und von der Melasse getrennt. Es ist ein Gerücht, dass Zucker chemisch gebleicht wird. Die Entfärbung passiert, indem man ihm mit Aktivkohle oder Kieselgur (ähnlich wie beim Klären von Wein) die größeren Farbpartikel entzieht. Was den braunen Zucker angeht, so ist er übrigens meist weißer Kristallzucker, dem man danach wieder etwas Melasse beigesetzt hat.

Rohzucker hat, vor allem, wenn er aus Zuckerrohr gewonnen wird, einen stark karamelltönig-malzigen Geschmack, gewisse Cocktails, wie der Mojito, sind ohne ihn nicht vorstellbar. Aber Achtung! Er löst sich um einiges schwerer und zum Karamellisieren eignet er sich viel schlechter als weißer Kristallzucker. Er verklumpt leicht und kann dann ziemlich heftig zu riechen beginnen.

Öl und Essig

Periodisch hören wir von Ölen, die ganz besonders gesund, oder auch solchen, die ganz besonders ungesund sein sollen. Ich habe den Verdacht, das hat auch damit zu tun, wer welche Studie in Auftrag gibt. Aber es existieren auch objektive Kriterien: Ungesättigte Fettsäuren sind für den Körper generell verträglicher als gesättigte. Und logisch ist: Öle, die sorgsam, ohne Zusätze und aus regionalen Rohstoffen und ohne lange Lagerzeit gewonnen werden, sind bekömmlicher – und schmecken besser.

Ich liebe Olivenöl in seinen vielen Geschmacksvarianten. Von würzig, beinahe scharf bis fruchtig, von säuerlich bis elegant blumig – jede Region, jede Olivensorte hat ihr eigenes Bouquet. Um es zu erhalten, sollte Öl kühl und dunkel gelagert werden, aber nicht kühlschrankkalt. Und: Besser man nimmt kleinere Gebinde und verbraucht ihren Inhalt rasch. So können sich auch im Flaschenhals keine ranzigen Töne bilden. Kauft man Olivenöl im Kanister, sollte man eine kleine Menge in eine neue oder heiß und mit Spülmittel gewaschene Flasche umfüllen.

Inzwischen gibt es aber auch in Österreich und Deutschland eine erstaunliche Fülle von Ölen, die von regionalen Anbietern sorgsam gepresst werden. Solches Sonnenblumenöl hat ein fruchtiges, beinahe wuchtiges Geschmacksbouquet, ähnlich ist das beim Rapsöl. Es lohnt sich, in der Nähe auf Öl-Abenteuer zu gehen.

Auch „raffinierte" Öle, also solche, die heiß gepresst werden, haben übrigens ihre Vorteile. Sie schmecken neutral, sie haben zwar weniger gesunde Fettsäuren, aber dafür wurden ihnen Stoffe entzogen, die zu einem niedrigen Rauchpunkt führen. Also dem Punkt, an dem erhitztes Öl zu rauchen beginnt. Das muss noch nicht gesundheitsschädlich sein, doch es ist ein Alarmsignal. Erhitzt man das Öl weiter, wird es Verbindungen wie Acrolein freisetzen, die sogar krebserregend sein können.

Für alle Speisen, die man scharf anbrät oder frittiert, ist es daher besser, raffinierte Öle zu verwenden. Ich lasse solche Öle gut abtropfen und füge vor dem Anrichten oder bevor ich ein Stück Fleisch bei niedriger Temperatur ziehen lasse, ein bisschen naturbelassenes Öl hinzu. Sorgsam gepresstes Olivenöl, Sonnenblumenöl, geröstetes Sesamöl, Rapsöl sind eben viel mehr als „Schmiere", sie sind großartige Gewürze – und es reicht ganz wenig, um viel Effekt zu erzielen.

Ähnliches gilt im Übrigen auch für Essig.

Feiner Essig kann erstaunliche Aromen zaubern – und das nicht nur bei Salaten. Gerade stärkereiche Gemüsesorten wie Kürbis, Bohnen, Kartoffeln gewinnen, wenn man sie mit einem kleinen Spritzer Essig „kontert" – ihnen zur Fülle also noch eine pikant-säuerliche Note gibt. Abgesehen davon dient Essig dazu, Lebensmittel zu konservieren. Einige Tropfen Essig auf gekochte Bohnen, Linsen, Kartoffeln, und sie halten im Kühlschrank um Tage länger.

Der edelste aller Essige ist mit Sicherheit Balsamico tradizionale – dieser echte Balsamico muss viele Jahre in unterschiedlich großen Fässern und Holzsorten reifen, bevor er als dickflüssige Essenz entzücken kann. Kein Wunder, dass er einen entsprechenden Preis hat. Und: Er hat nichts zu tun mit den vielen Essigen, auf denen auch „Balsamico" oder „Balsam" steht. Die werden allzu oft aus Industrieessig plus Verdickungsmitteln und Geschmacksstoffen erzeugt. Aber es gibt auch deutlich bessere Balsamessige: Dafür wird purer Essigmost eingedickt. Ein Blick aufs Etikett (und den Preis) verrät viel – vorausgesetzt, man hat ein wenig Vorwissen. Wer sich übrigens in dieses Kapitel vertiefen möchte, muss nicht bis in die Hauptstadt der Essigproduktion, nach Modena, fahren (auch wenn die Stadt eine Reise wert ist). In Klosterneuburg, unweit von Wien, gibt es die Acetaia Pecoraro – dort wird unter anderem Balsamico tradizionale hergestellt. Eigentlich ist Herwig Pecoraro ja gefeierter Staatsopernsänger – aber genau das hat auch mit seiner zweiten Passion zu tun: Er hat in Modena Gesang studiert – und dort in einer der besten Acetaie gearbeitet. So ist er auf den Geschmack gekommen ... Auch seine Führungen durch die Acetaia sind legendär.

Bekannt ist Österreich aber eher für seine Fruchtessige – es lohnt sich, (auch) im Internet zu stöbern, zu gustieren und einiges auszuprobieren. Oder man macht gleich einen Ausflug zu einem der Produzenten. Die Manufaktur Gölles im steirischen Riegersburg ist mir besonders nah – nicht bloß wegen meiner steirischen Wurzeln und weil ich auch Mira in diese Gegend geschickt habe, sondern weil die Familie ein Beispiel dafür ist, wie ein bäuerliches Unternehmen gut und verantwortungsvoll wachsen und funktionieren kann. Sich dort durchzukosten und vor den Fenstern die alten und jungen Obstbaumkulturen zu sehen ist für mich ... Balsam. Und ihre Edelbrände aus ebendiesen Kulturen sind auch exzellent. Aber das ist ein anderes Kapitel.

Mehl

Griffig, glatt, Ausmahlgrad, Gluten, Hartweizen, Semola ... bei kaum einem wichtigen Lebensmittel gibt es so viel Verwirrung wie bei Mehl. Schon zwischen Österreich, Deutschland und der Schweiz variieren die Bezeichnungen, in Italien ist wieder alles ganz anders. Ich habe recherchiert – so wie Mira und ich es als Journalistinnen gelernt haben.

Zuerst einmal ist klar: So ein Weizen-Getreidekorn besteht aus einer braunen Schale, einem Häutchen und dem Kern mit Mehlkörper und Keimling. In diesem Keimling sind besonders viel Eiweiß und Vitamine. Je mehr man das Korn mahlt, desto mehr wird abgelöst, bis nur mehr das „reine" weiße Mehl des Mehlkörpers übrig ist. Je höher der Ausmahlgrad ist, also (ja, das stimmt!) je weniger man wegmahlt, desto dunkler ist das Mehl, es hat mehr Mineralien, Vitamine und Ballaststoffe. Um Mehle zu kategorisieren, wird der Mineralanteil gemessen. Dafür wird Mehl bei 900 °C für ca. 2 Stunden verbrannt. Übrig bleibt die Asche der Mineralstoffe. Sind ca. 480 mg Mineralasche pro 100 g Mehl übrig, haben wir den Mehl-Typ 480. Bleiben 700 mg übrig, trägt das Mehl die Bezeichnung Typ 700. In Deutschland gibt es eine etwas andere Typenbezeichnung – ihr Typ 405 entspricht in etwa dem österreichischen Typ 480, ihr Typ 550 enthält weniger Mineralstoffe als der österreichische Typ 700. Warum das so ist? Weil jedes Land seine Normen selbst festlegt. In der Schweiz heißt Mehl niedrigen Typs übrigens Weißmehl, Mehl höheren Typs Halbweißmehl.

Wichtiger ist, was die jeweiligen Mehle können: Typ 700 hat viele Proteine, Nähr- und Ballaststoffe. Sie tragen dazu bei, dass dieses Mehl gute Backeigenschaften hat – gerade in Verbindung mit Hefe. Die Hefepilze müssen sich „ernähren" und dafür brauchen sie Eiweiße. Kommen die mit Wasser in Berührung, dann verbinden die sich zum Protein Gluten – berüchtigt bei Menschen mit Unverträglichkeiten. Dieses Klebeeiweiß hält viel Wasser und Gase im Teig – der Teig geht langsam, aber gut auf und bleibt stabil.

Der Proteinanteil steigt also grundsätzlich mit der Typenzahl (weil einfach noch mehr im Mehl drin ist), aber er wird auch genauer gemessen: nämlich mit dem W-Wert. Der sagt aus, in welchem Maße ein Teig aufgehen kann, ohne zusammenzufallen. Mehl mit einem hohen W-Wert kann viel Wasser absorbieren. Sein Teig baut eine robuste Glutenstruktur auf, ist saftig, elastisch und hält. Ganz helle Mehle niedrigen Typs, bei denen nur der weiße innere Mehlkörper übrig bleibt, haben weniger Inhaltsstoffe, bilden also auch weniger Gluten. Ihr W-Wert ist geringer. Dieses Mehl kann weniger Wasser aufnehmen. Allerdings: Da es auch weniger

Schalenanteil hat, geht der Teig schneller auf. Zum Binden von Saucen oder Feingebäck nimmt man Mehle mit einer niedrigen Typenzahl – da ist es nicht gefragt, dass sich eine stabile Glutenstruktur bildet, dass sich die Masse leichter „zieht", elastischer bleibt.

Fürs Brotbacken sollte man hingegen Mehle mit hoher Typenzahl nehmen. Der W-Wert wird leider bei den meisten Mehlen für den Einzelhandel nicht angegeben. Auch wer original italienische Pizza backen möchte, sollte Mehle mit hohem Typ und hohem Glutengehalt nehmen – da dauert es zwar länger, bis der Teig aufgeht, aber dafür ist er locker und elastisch.

Apropos: die berühmten Mehle aus Italien. Bei ihnen muss man zwischen Weichweizenmehl – das typischerweise auch bei uns als Mehl verwendet wird – und Hartweizenmehl unterscheiden. Das italienische Weichweizenmehl kennt auch Typenabstufungen, nur heißen die anders. Tipo 00 entspricht Typ 405–480. Tipo 0 entspricht unseren Typen 550–700. Tipo 1 und 2 bezeichnen Mehle mit sehr hohem Ausmahlgrad, sie sind, wie unser Typ 1050, schon ziemlich dunkel.

Um die Verwirrung komplett zu machen, wird in Italien Hartweizenmehl nicht nach dem Ausmahlgrad unterschieden. Alle Hartweizenmehle sind ähnlich vermahlen (wenn auch nicht gleich) und haben einen hohen Protein- und Glutenanteil. Man differenziert nach der Größe der Körnung. Und: Alle diese Mehle werden Semola genannt. Das wird fälschlich oft mit „Grieß" übersetzt. Aber natürlich wird Brot in Italien nicht aus Grieß gebacken. Beim Semola di Grano Duro gibt es durchaus auch fein gekörntes Mehl, das Semola rimacinata, es entspricht in etwa dem österreichischen glatten Mehl, und wird für Brot, andere Teige (oft gemischt mit Farina, also Weichweizenmehl), aber auch Pasta-Sorten verwendet. Dem griffigen entspricht das etwas gröber gemahlene Semola di Grano Duro (damit macht man viele Pasta-Sorten, aber auch Gnocchi, weil es sehr gut Flüssigkeit bindet). Das grob vermahlene Hartweizenmehl, das dann wirklich dem Grieß verwandt ist, nennt man in Italien Semola grossa (Semolata ist eine Art Grießkoch aus solchem Mehl).

Die Körnung von Weichweizenmehl spielt in Deutschland und der Schweiz übrigens kaum eine Rolle, in Österreich sehr wohl: In jedem Laden findet man glattes und griffiges Mehl. Traditionell verwenden wir griffiges Mehl für Knödel, Nockerl, Nudeln, für alle Teige, die quellen sollen, wie etwa Topfenteig, und zum Panieren oder Bemehlen. Griffiges, also etwas gröberes Mehl braucht mehr Zeit, um Wasser zu binden, dafür hält es dann aber auch mehr Wasser (es klumpt und sorgt so dafür, dass Teige nicht „zerfallen").

Glattes Mehl hingegen ist staubiges, feineres Mehl mit starker elastischer Bindekraft. Man verwendet es für geschmeidige Teige wie Strudelteig, Biskuit, Blätterteig, Palatschinken und zum Binden von Saucen – da kann man es nicht brauchen, dass der Teig quillt. Bei Brot sollte man unbedingt darauf achten, dass es sich um glattes Mehl des Typs 700 handelt – wegen der durch den höheren Glutenanteil guten Backeigenschaften. Für Strudel ist glattes Mehl des Typs 480 deutlich besser geeignet.

Wer keine Wissenschaft daraus machen will, hält sich an ein paar Grundregeln:

Griffiges, also gröber gekörntes, Mehl nimmt langsamer, aber mehr Wasser auf, quillt sehr gut und verhindert, dass Teige zerfallen.

Glattes, also fein gekörntes, Mehl macht Teige geschmeidig, elastisch und bindet sehr gut, ohne dass es Klumpen bildet. Man kann Teig, wie zum Beispiel Strudelteig, ganz dünn ausziehen.

Mehl hohen Typs wiederum hat mehr Gluten, Teige gehen langsam, aber sehr gut auf und können viel Wasser und Gase halten, sie sind also locker und saftig.

Mehl niedrigen Typs wiederum hat weniger Inhaltsstoffe, lässt Teige schneller aufgehen, bindet aber nicht so viel Wasser und Gase ein und macht vieles daher feinporig oder knusprig.

Italienisches Hartweizenmehl hat einen hohen Mineralstoff- und Glutenanteil, man unterscheidet da nur nach der Körnung. Es hat sehr gute Backeigenschaften. Für Gnocchi und Pasta ohne Ei ist es unschlagbar.

Bio-Mehle enthalten übrigens nicht automatisch mehr Mineralstoffe oder den Keimling und Proteine. Es bedeutet einfach, dass das Getreide biologisch, also ohne Einsatz von gewissen anorganischen Düngern und Spritzmitteln, gewachsen ist. Der Ausmahlgrad vieler Bio-Mehle in Läden oder bei Direktvermarktern ist aber üblicherweise sehr hoch. Das hat unter anderem damit zu tun, dass es kleine Mühlen gar nicht schaffen, so viel an Schalen und Keimlingen abzulösen.

Ach ja, ich habe mich jetzt *nur* mit Weizenmehl beschäftigt. Dabei gibt es noch so viele andere interessante Mehle. Besonders spannend übrigens Buchweizenmehl, das nicht einmal aus „echtem" Getreide ist. Russische Blini, aber auch der traditionelle österreichische Haiden-Sterz werden daraus gemacht – aber das führt jetzt zu weit. Außerdem: Mira und ich, wir haben ja auch in Zukunft noch einiges vor. Kann gut sein, dass unser nächster Fall vor allem in Sardinien spielt und mit Menschen zu tun hat, die schon sehr viel Lebenserfahrung gesammelt haben. Da läge es nahe, sie dann auch das eine oder andere über Farina und Semola zu fragen.

Gewürze

Gewürze sind so etwas wie der Fingerabdruck einer Köchin oder eines Kochs. Sie machen auch klassische Gerichte unverwechselbar und geben allen eine persönliche Note. Und: Ihre Menge fällt ganz selten ins Gewicht – die Konsistenz einer Speise verändert sich nicht, ob man eine Prise oder zwei Teelöffel Chili nimmt. Der Geschmack hingegen ... Man muss es ja nicht immer brachial anlegen. Ganz im Gegenteil. Bei Gewürzen geht es um die Nuancen. Daher ist es besser, zuerst weniger von einem Gewürz zu nehmen und dann eventuell noch etwas dazuzugeben. Und vieles, etwa ob man scharfen oder milden Paprika verwendet, bleibt einem selbst überlassen.

Gewürze haben allerdings unterschiedliche Eigenschaften: Manche, wie zum Beispiel gemahlene Kurkuma, sind erstaunlich hitzebeständig. Andere, wie gemahlener Paprika, werden in Verbindung mit Hitze und Fett ganz rasch bitter. Ist man sich nicht sicher, wie sie sich verhalten, sollte man erst dann würzen, wenn genug Flüssigkeit dabei ist oder die Brattemperatur nicht besonders hoch ist. Auch beim Marinieren sollte man also bedenken, dass einige wunderbare Zutaten bei großer Hitze verbrennen und unschöne Geschmacks- und Geruchsstoffe freisetzen könnten. Flüssigkeiten (auch Ketchup, Sojasauce, Tomatenstückchen) und Öl in den Marinaden lindern dieses Problem ein wenig. Da wird nämlich zuerst das Wasser verdampft, bevor die zarten Gewürze, Kräuter oder gar Knoblauch zu heiß werden können. Ansonsten ist es besser, die Marinade vor dem Anbraten zu entfernen und erst wieder beim Gar-Ziehen draufzugeben.

In besonderem Maße trifft das alles natürlich auf frische Gewürze, also Kräuter und Ähnliches, zu. Sie verlieren beim Kontakt mit extremer Hitze schnell ihre flüchtigen Geschmacksstoffe. Auch da hilft, sie mit etwas passendem Öl zu ergänzen – so können die eigenen Aroma-Öle weniger leicht „fliehen".

Übrigens: Ich habe vor allem im Winter immer einige Töpfe mit Kräutern am Fensterbrett. Das sieht nicht nur hübsch aus, sondern beschert mir praktische Würzmöglichkeiten. Und wenn ein Stock unansehnlich wird, verwendet man den Rest und kauft einen neuen. Allemal günstiger und nachhaltiger als welkende Kräuter aus dem Kühlschrank.

Einen besonders faszinierenden Umgang mit Gewürzen habe ich in Vietnam kennengelernt. Dort werden viele Gewürze in einer Pfanne ohne Öl geröstet und dann, noch warm, gemörsert. Schwarzer Pfeffer beginnt richtiggehend zu duften. Wenn die ersten Körner in der Pfanne hüpfen, ist es so weit: mörsern – es geht übrigens viel einfacher als bei nicht gerösteten Körnern – und über das

Aroma staunen. Ebenso großartig funktioniert es mit Koriander, Piment und Zimt. Natürlich spielt auch da die Qualität der Gewürze eine wichtige Rolle. Gerade weil viele von weit her kommen, sollte man sich überlegen, wer sie wie erzeugt hat, ob die Menschen davon leben können, wie sie transportiert wurden und – natürlich auch – mit welcher Sorgfalt sie gelagert und weiterverarbeitet wurden. Wenn ich reise, bringe ich immer Gewürze mit: Aus der Karibik habe ich Zimt, der auch nach Jahren noch durftet, aus Vietnam Pfeffer direkt vom Pfefferbauern. Das ist wunderbar, aber auf Dauer doch keine Lösung. Viel Gutes und auch Exotisches findet sich in den Weltläden, meinen Gewürz- (und Tee-)Lieferanten für alle Fälle habe ich aber bei Sonnentor gefunden. Johannes Gutmann hat im österreichischen Waldviertel ein außergewöhnliches Projekt gestartet: In einer abgelegenen Gegend, aus der Menschen jahrzehntelang abgewandert sind, hat er begonnen, Kräuter anzubauen und zu vermarkten. Heute gehört er zu den größten Bio-Gewürzunternehmen, liefert Gutes aus der „Region Welt", wie er das nennt, und ist trotzdem seinen Grundsätzen treu geblieben: respektvoller Umgang mit den Menschen, die mit ihm arbeiten, und natürlich mit der Natur. Wer es nicht glaubt, kann nach Sprögnitz fahren und sich das ansehen.

Was ich – üblicherweise – auch von Sonnentor beziehe, ist die biologische vegetarische Gemüse(suppen)würze. Sie enthält, anders als viele herkömmliche Produkte, keine geschmacksverstärkenden Stoffe und schmeckt deutlich eleganter. Perfekt, wenn Suppe zum Aufgießen oder Ergänzen von Gerichten fehlt. Gemäß dem Motto NO STRESS ein Weg mehr, sich das gute (Küchen-)Leben leicht zu machen.

DÖLLINGER
86

Gasthaus zur alten Schule
OPEN

DANKE!

An **Manfred Buchinger**, den einzigartigen Küchenchef und lieben Freund. Beinahe zwanzig Jahre stehe ich immer wieder in seinem Gasthaus „Zur Alten Schule" in Riedenthal bei Wolkersdorf in der Küche. Von ihm habe ich sehr viel gelernt. Nicht nur, was sein enormes Fachwissen (er war Küchenchef im legendären Wiener Intercontinental, hat auf vier Kontinenten gekocht und wurde mit Preisen überhäuft) anlangt, sondern auch, dass Kochen Spaß machen sollte – genau deswegen ist er auch in sein Weinviertel zurückgekehrt. Ein kleines Team begleitet ihn – und mich – seit Jahren: **Yolanda**, die überall zupackt und unzählige Lehrlinge, wie jetzt **Marius**, tatkräftig unterstützt hat. **Iris**, die große Tierfreundin, die sich auch liebevollst um Manfreds Trüffelhunde Tutti und Jonny kümmert. **Maria**, die als Kellnerin eine ebenso erfreuliche Erscheinung ist wie als Double beim Film – ihrer zweiten Profession. Vor einigen Jahren ist **Hussam** zu uns gekommen. Er wurde zur tragenden Säule in Buchingers Küchenteam: Ein ausgezeichneter Koch und äußerst liebenswerter Mensch. Aber ich liebe auch seine original syrischen Rezepte – einige hab ich ins Buch aufgenommen.
Auf noch viele – gemeinsame – Kochabenteuer!
www.buchingers.at

An meinen Mann **Ernest Hauer**. Auf unseren Reisen wollten wir immer schon mehr sehen als bloß die touristische Oberfläche. Und überall versuchen wir, ganz ohne Stress, die typischsten, interessantesten Lokale, Bars und Imbissbuden zu finden. Essen ist für uns mehr als Nahrungsaufnahme oder auch Genuss, es hat mit dem Leben und den Lebensbedingungen der Menschen zu tun. Das Corona-Jahr haben wir im Weinviertel verbracht – er war der geduldige Test-Esser bei den über zweihundert Rezepten, die sich in diesem Buch finden. Da ich alle Gerichte ja auch fotografiert habe, musste er bisweilen warten. Und wenn ich nicht zufrieden war, gab es gewisse Speisen mehrere Male. Er sagt, er kann damit leben. Ich sage, wie schön, mit ihm zu leben!

An unsere Freunde **Gerda** und **Joschi Döllinger**. Sie haben uns auf vielen Reisen begleitet. Und sie waren unsere „engen Bezugspersonen", die ich auch während der Pandemie-Einschränkungen bekochen durfte. Was für wunderbar entspannte Abende, egal, was rundum los war. Ihr Weingut Döllinger, das jetzt schon von Sohn **Matthias** und Schwiegertochter **Kathi** geführt wird, lieferte die perfekten Weine dazu. Und ich freue mich auf noch viele Sonderwein-Editionen zu meinen Büchern!
www.doellinger.at

An das Team des **Folio Verlags**, mit dem ich seit mehr als einem Vierteljahrhundert so gerne und freundschaftlich zusammenarbeite. Kochbücher sind eine besondere Herausforderung, mehr noch als bei Romanen geht es um die Form, die Grafik, die Schrift und die Gestaltung der Fotos. Da hat neben **Ludwig Paulmichl** vor allem auch der großartige Künstler **Arnold Mario Dall'O** (danke auch für das wunderbare Cover und so viele so schöne Mira-Valensky-Cover davor!!) viel Geduld mit mir haben müssen. Ich bin ja kein Foto-Profi. Und sie haben das wirklich Beste daraus gemacht. Ohne „meinen" super Lektor **Joe Rabl** wären nicht nur die Mira-Valensky-Krimis nicht so, wie sie dann erscheinen, er hat auch diesem Kochbuch den nötigen Schliff gegeben – und meine Flüchtigkeitsfehler ausgebessert. Ich war richtig stolz, dass er gemeinsam mit seiner lieben Frau Sunny schon während unserer Arbeit am Buch Rezepte nachgekocht hat. Und, last but not least, **Marylou Thurner** für die beste Rundum-Betreuung, die man sich vorstellen kann!
www.folioverlag.com

An meine – auch kulinarische – Herkunftsfamilie in Graz: Meine **Mutter Erni** hatte, wie viele Frauen ihrer Zeit, die undankbare Aufgabe, täglich Essen auf den Tisch zu bringen. Ihr Reisfleisch hat trotzdem Jahrzehnte anderer Geschmackseindrücke überdauert und findet sich auch in diesem Buch. Meine Lieblings- (sie wäre es auch, hätte ich mehr als eine) Schwester **Elisabeth Fandler** hat spät, aber doch das Kochen für sich entdeckt – und es macht Riesenspaß, mit ihr gemeinsam in ihrer Küche zu stehen. Ich habe nicht bloß ihr super Rezept für Steinbutt aus dem Ofen verwendet, an sie hab ich beim Schreiben und Ausprobieren der Rezepte immer wieder gedacht: Wäre ihr das klar genug? Und, vor allem: Würde es ihr Freude machen, das zu kochen? Danke auch an **Mirjam**, unsere Vegetarierin und ausgezeichnete Köchin in der Familie. Sie war von Anfang an sehr an diesem Buchprojekt interessiert und hat unter anderem ein großartiges Parmigiana-Rezept beigesteuert. Ihr Mann (mein Neffe) **Simon,** sein Bruder **Martin** und dessen Frau **Christine** vervollständigen unsere Truppe der verwandten und begeisterten Esser*innen – mit ihnen gemeinsam zu genießen ist immer ein Fest, egal ob in Graz, dem Weinviertel, Sardinien, Zypern oder Nürnberg.

An **Maria und Ettore**, die uns so viel über die echte sardische Küche beigebracht haben. Und mit denen wir hoffentlich noch oft gemeinsam zu Abend essen werden. Beide kochen ausgezeichnet – Ettores gefüllte Schnecken werden mir genauso in Erinnerung bleiben wie Marias Kuchen, Eintöpfe, und, und ... Die Destillerie und das Weingut ihres Freundes **Elio Carta** (inzwischen ist es auch schon ein wenig der unsere – gerade wieder haben sie eine Goldmedaille bei der internationalen Trophy in Frankfurt gewonnen) erzeugt unter anderem köstlichen Wermut, Mirto, Bitter und Gin – alles mit den

Schokoladen
Josef Zotter

ENTSPANNT KOCHEN

VOM SCHÖNEN SCHEIN ...
UND WAS DAHINTER LAUERT
EVA ROSSMANN
VOM SCHÖNEN
SCHEIN
MÖRDERISCHE

Kräutern, die direkt bei ihnen wachsen. Dass ich so gerne Wermut anstelle von Wein oder anderen Flüssigkeiten zum Ablöschen von Speisen verwende, hat ganz viel mit seinen großartigen Produkten zu tun. Und, nein, ich verwende sie nicht nur zum Kochen!
www.silviocarta.it

An die vielen Freundinnen und Freunde, die Rezepte beigesteuert oder mich zu ihnen inspiriert haben. **Fabrizio** und **Daniela**, in ihrer Küche im großartigen „Palmira" in Torre delle Stelle habe ich gelernt, wie man Pasta-Gerichte noch um eine Spur besser macht. **Annalisa** und **Roberto**, dem einmaligen Duo der „Casa Orter" im kleinen friulanischen Ort Risano. Einst tourten sie als Musik-Profis um die Welt, jetzt komponiert Roberto aus regionalen Zutaten wahre Geschmackssymphonien. **Zonka**, sie spricht fünf Sprachen, ist eigentlich Lehrerin und kam von Bulgarien nach Zypern, um dort besser (und originaler) zu kochen als viele einheimische Profis. **Lothar** und **Eldad**, für die beste grüne Frankfurter Sauce ever, wunderbare gemeinsame Abendessen in Frankfurt und im Weinviertel, und natürlich ihre Leidenschaft für Literatur, **Clarissa** und ihre leider verstorbene Mutter **Olivia,** für ihre unvergesslichen karibischen Köstlichkeiten, **Doris**, die begeisternde Ausnahme-Köchin zwischen Wien, Bologna und Rom samt ihrer charmanten Bologneser Freundinnen-Clique rund um **Valeria** und **Elena Longobardi** (die „nebenbei" auch noch engagierte österreichische Honorarkonsulin ist) – mit ihnen habe ich erlebt, was Bologneser Küche und Gastfreundschaft bedeutet. Und natürlich **Donatella** und **Alberto**, sie haben uns die echt sardischen Agriturismo-Köstlichkeiten gezeigt. Und, und ... Verzeiht, wenn ich euch hier und jetzt vergessen habe, aber: Die Erinnerung an Geschmäcker und gemeinsamen Genuss bleibt ...
www.casaorter.it
www.dapalmira.it

Und hier noch einige Links von Lieblings-Produzent*innen, viele werden im Buch auch beschrieben. Nein, ich bekomme dafür keine Gegenleistung. Es ist mein kleines Dankeschön für ihre großartigen Produkte und ihre Art, zum guten Leben beizutragen.

www.balsamico.at
www.goelles.at
www.sardinienprodukte.at
www.sonnentor.at
www.zotter.at

Die Rezepte aus den Krimis

MillionenKochen

Russen kommen

Leben lassen

Evelyns Fall

Unterm Messer

Unter Strom

Männerfallen

Alles rot

Fadenkreuz

Gut, aber tot

Im Netz

Heißzeit 51

Patrioten

Vom schönen Schein

Eva Rossmann

1962 geboren, lebt im Weinviertel/Österreich und auf Sardinien.
Verfassungsjuristin, politische Journalistin, seit 1994 freie Autorin und Publizistin. Seit ihrem Krimi *Ausgekocht* auch Köchin in Manfred Buchingers Gasthaus „Zur Alten Schule", Drehbuchautorin. Zahlreiche Sachbücher. Österreichischer Buchliebling 2009, Großer Josef-Krainer-Preis 2013, Leo-Perutz-Preis 2014.

Bei Folio erscheinen die erfolgreichen gesellschaftspolitischen Kriminalromane rund um die Wiener Journalistin Mira Valensky und ihre bosnischstämmige Putzfrau und Freundin Vesna Krajner, zuletzt *Heißzeit 51* (2019) und *Vom schönen Schein* (2020), sowie der politische Roman *Patrioten* (2017).
In *Mira kocht* hat sie 2007 die Rezepte der ersten neun Mira-Valensky-Bände veröffentlicht.

Fotos von Eva Rossmann; alle Illustrationen von Shutterstock
Lektorat: Joe Rabl
Grafische Gestaltung: Dall'O & Freunde
Druckvorbereitung: Typoplus, Frangart
Printed in Europe

ISBN 978-3-85256-835-5
E-Book ISBN 978-3-99037-114-5

www.folioverlag.com